V wie Vorn

Vor etwa zwei Jahren begann in »Betrifft KINDER« eine Serie namens »Kleines Leitungs-ABC«. Jedem Beitrag standen folgende drei Sätze voran: In dieser Serie sollen Leitungsthemen – Aufgaben, Fragen, Konfliktpunkte – erörtert werden. Das ABC dient dem Sortieren und der Bestimmung von Stichworten, die lange Abhandlungen nicht vertragen. Wenn Sie Stichworte vorschlagen möchten, schreiben Sie bitte an die Redaktion.

Vielleicht waren die Briefmarken knapp, denn es kamen nicht viele Vorschläge in der Redaktion an. Genau genommen gar keine. Einige Themen wurden mir in persönlichen Gesprächen vorgeschlagen, andere entwickelten sich vor meinem inneren Auge, wenn über das Verhalten und Handeln von Leiterinnen und Leitern in Kindertageseinrichtungen oder auf Trägerebene, in der öffentlichen Verwaltung oder bei freien Trägern im sozialen Bereich, im Kaufhaus, auf dem Flughafen oder in der Nationalgalerie erzählt wurde.

Vielerorts wird geleitet. Oder auch nicht. Die Geschichten dahinter und drum herum soufflierten mir die Stichworte. Das ABC gab die Reihenfolge vor. Etliche Stichworte hätten zwar durchaus längere Abhandlungen vertragen, mussten aber auf wenige Aspekte gekürzt werden; Hintergründe und Erklärungen kamen dabei zwangsläufig zu kurz. Andere Stichworte bekamen reichlich Platz, und ich konnte ausführlich darlegen, warum Leiterinnen keine Alltagssituation unterschätzen dürfen.

Anfangs als lockere Folge – im mehrdeutigen Sinne – konzipiert, erschien die Serie schließlich regelmäßig: ein Buchstabe pro Heft. Die zu Beginn praktizierte Lockerheit in Form und Ton wich mehr und mehr der Ernsthaftigkeit. Trotzdem hoffe ich, dass noch genügend Witz und Nonsens in den Texten zu finden sind. Doch so manches Mal waren die ihnen zu Grunde liegenden Begebenheiten nicht mehr satirisch, sondern nur noch sarkastisch zu behandeln.

Während der Arbeit an der Serie habe ich Ausschnitte des Alltags in Kindertageseinrichtungen und nicht zuletzt bei Trägern kennen gelernt, die mich oft genug verblüfften, weil ich dachte, so etwas gäbe es heutzutage nicht mehr. Glücklicherweise kamen mir selten ausgesprochene Gemeinheiten unter, dafür aber vieles vermutlich Unbedachte, immer der gleichen Ursache geschuldet: dem Nicht-Leiten.

scheidungen folgen, besteht darin, nicht zu leiten, sondern zu regeln und zu verwalten. Nicht-Leiten tritt in vielerlei Gestalt auf, doch im Kern geht es um die Missachtung der wichtigsten Regel: Eine Leitungskraft soll leiten, nicht selber machen.

Nach und nach wurde aus dem Leitungs-ABC ein Leiterinnen-Leiter-ABC, denn ich beschäftigte mich weniger mit der Funktion Leitung, sondern mit dem Handeln konkreter Personen. Sie gaben mir die Vorlagen, waren die Vorbilder, freude- oder mitleiderregend, beispiel- oder zweifelhaft, orientierend oder irritierend.

Genau genommen handelt das ABC von Leitungspersonen in der Position von Vorgesetzten. Ihre Mitarbeiterinnen und Mitarbeiter können sich ihnen nicht entziehen. Im Gegensatz dazu ist Leitung aber auch in einem Team von Gleichberechtigten denkbar und notwendig. Möglich ist sogar, dass die Funktion Leitung – beispielsweise in einer Projektgruppe – von einer Person ohne Vorgesetztenstatus ausgeübt wird. Es gilt demnach, sprachlich genau zu sein: Leitung, Leiterin, Vorgesetzte. Worüber wird geschrieben oder gesprochen?

»Haben Sie Leitungserfahrung?« Klar doch, hat wohl jede und jeder von uns. Man muss dazu nicht selbst geleitet haben, muss nicht selbst Vorgesetzte oder Chef gewesen sein. Leitungserfahrung haben alle, die das Tun und Lassen von Leiterinnen oder Leitern langjährig erdulden müssen. Und: Leitungserfahrung von Mitarbeiterinnen und Mitarbeitern führt häufig zu Kritik. Die Leute wissen, wovon sie sprechen.

Das heißt nicht zwangsläufig, dass sie alles wirklich besser wissen, und schon gar nicht, dass sie besser leiten würden. Gäbe man ihnen die Chance, würden die meisten sich wahrscheinlich davor fürchten.

Die Aussage, dass alle Mitarbeiterinnen und Mitarbeiter Leitungserfahrung haben, müsste interessierte Leiterinnen übrigens aufhorchen lassen: Geleitete wissen, wie und wann Leitung nicht funktioniert. Manchmal ist schon das ein gewaltiger Fortschritt.

Aber wie heißt es so schön? Wer im Glashaus sitzt, soll nicht mit Steinen schmeißen. Andererseits: Wer selbst keine Leitungskraft ist, darf Leitungshandeln nicht kommentieren. Beiden Behauptungen zufolge dürfen Leitungskräfte nicht kritisiert werden. Na, das könnte ihnen so passen...

In der Personalführung greifen viele Leitungskräfte zu den Instrumenten Zuckerbrot und Peitsche, also zu Belohnung und Bestrafung. Die Guten bekommen Zuckerwatte und sind die Lieblinge. Die Querdenker sind unbequem und werden deshalb abgestraft. Da nutzen scheinbar alle Erkenntnisse über den Zusammenhang von Wohlverhalten und Rückständigkeit nichts, und das Wissen über den Zusammenhang von produktivem Fortschritt und Fehlerfreundlichkeit bleibt ungenutzt.

Auch im Frauenberuf Erzieherin wird in vielen Fällen nach Gutsherrenart geleitet. So ein rechter Patri-Arsch ist mitunter durchaus weiblich – da darf man sich durch Aussehen, hehre Leitungskonzepte oder Begrüßungsbussis nicht täuschen lassen. Das Matriarchat ist schließlich die ältere der beiden Herrschaftsformen. Ob sie die bessere war, ist oder sein kann, das ist letztlich Glaubenssache. Mich jedenfalls interessiert nicht das biologische Geschlecht einer Leitungskraft, sondern die Qualität des Leitens. »Hintern hoch, die Damen!« wirbt ein Fitness-Studio, kommen Sie in die Gänge.

Wenn die wichtigste Leitungsaufgabe Leiten ist, dann ist die zweitwichtigste die Unterstützung der Mitarbeiterinnen und Mitarbeiter in ihrer Arbeit. Eine beliebte Alternative dazu funktioniert so: Die Leiterin, gern auch die Ober-Leiterin, lässt eine Mitarbeiterin so lange vor sich hin wursteln, bis es Probleme gibt. Dann wird bestraft, denn Probleme darf es nicht geben. Leider trifft die Strafe die Mitarbeiterin, nicht etwa die Leiterin, die doch wohl zu lange weggeschaut oder untätig zugeschaut, jedenfalls nicht rechtzeitig unterstützend, fördernd und hilfreich eingegriffen hat.
Fürs Protokoll: Diese Leiterin ist ihrer eigentlichen Aufgabe nicht nachgekommen.

Schon wieder passiert mir, was auch während der Serie geschah: Je mehr ich schreibe, desto mehr problematische Beispiele fallen mir ein und desto schwerer fällt es mir, daran zu denken, dass es auch anders geht. Wirklich, es gibt Leiterinnen, die Tag für Tag mit tollen Ideen und guten Beispielen zeigen, wie Leitung funktioniert: produktiv, fortschrittlich, menschenwürdig, zielgerichtet, überprüfbar... Wunderbar! Euch Leiterinnen in Vorgesetztenfunktion – Angelika, Ann, Barbara, Brigitte, Christel, Erni, Karin, Lore, Ortrud... – danke ich dafür, dass ich von Eurer Arbeit lernen durfte.

Roger Prott
Im November 2006

A wie Anfangen

Anfangen ist für die viele Menschen kein Problem, aber manche kommen kaum zum Ende. Andere sind im Aufschieben richtig klasse, stellen aber nie etwas fertig. Die meisten liegen dazwischen, sie arbeiten und können anschließend etwas vorweisen. Haben sie das Richtige getan? Wurde es optimal erreicht?
Wie bitte, das sind nicht die richtigen Fragen? Stimmt genau, man darf sich eben nicht ablenken lassen, darf sich aber auch nicht selbst ablenken. Zum Beispiel vom Anfang.

Die Aufschieberitis

Leitungskräfte haben viele Möglichkeiten des geschäftigen Nicht-Anfangens: Verwaltungsarbeiten werden plötzlich zu ganz dringenden Termingeschäften. Oder umgekehrt, sie werden bis zur ersten Mahnung hinausgezögert. › Besucher nehmen oder erhalten viel Leitungszeit. Unangenehme Gespräche mit Mitarbeiterinnen werden von Tag zu Tag geschoben, weil ... (Bitte selbst ausfüllen.)

In Management-Ratgebern wurde die Krankheit Aufschieberitis diagnostiziert. Sie befällt mit Vorliebe Leitungskräfte. Als Medizin werden Tipps gereicht, wie

- Erledigen Sie die unangenehmen Schiebe-Aufgaben zuerst!

(Kein Problem, aber wenn es wirklich schlimm steht, bleibt alles andere auch liegen.)

- Beginnen Sie erst dann eine neue Aktivität, wenn die alte komplett erledigt wurde!

(Kein Problem, zwischendurch machen wir eben Urlaub.)

Das Nicht-Anfangen

Aller Anfang ist schwer. Aller Beginn ist leichter, denn der kommt im Alphabet erst später. Beruhigend viel später. Die entscheidende Frage ist nämlich nicht: Wie verhindern Sie das Aufschieben? Sondern vielmehr: Was unterstützt Sie beim Anfang, damit Sie sich auf die notwendige (unangenehme) Aufgabe konzentrieren können? Ein Kaffee, ein zweiter? Ein Gespräch, ein Spaziergang, Zeitdruck?

Mir hilft häufig das Aufschieben. Dadurch erhöhe ich den Druck, und es fällt mir leichter, Prioritäten zu setzen. Das heißt, ich manage meinen Arbeitsplan nebst Zeitbudget auf unkonventionelle Weise, aber nicht immer effektiv.

Das Aufschieben dient mir auch als Zeichen. Wenn ich etwas noch nicht beginne (beispielsweise einen Artikel schreiben), weiß ich inzwischen, dass ich noch am Thema arbeiten muss, zum Beispiel gründlicher nachdenken, Weiteres lesen, Gedanken sortieren. Es hätte überhaupt keinen Sinn, mich an den Schreibtisch zu setzen und auf eine Eingebung zu warten oder mir die Worte abzuringen. Wenn sie nicht fließen, stimmt etwas nicht – also kann ich die Zeit nutzbringender verwenden.

Nimmt das Aufschieben – das Nicht-Anfangen – keine gefährdenden Ausmaße an, ist es ein wertvolles Signal für den Umgang mit der anstehenden Aufgabe. Blindwütiges Abarbeiten würde manches verhindern. Vielleicht sagt Ihre innere Stimme: »Das lohnt sich gar nicht, anderes ist wichtiger.« Vielleicht ist die Aufgabe zu groß; dann machen Sie Häppchen draus. Vielleicht wissen Sie nicht, was mit dem Ergebnis angefangen wird, dann fragen Sie nach. Vielleicht ist der Ort für die Erfüllung der Aufgabe ungeeignet, dann ändern Sie ihn.

Besser: Beginnen!

So haben Anfangen und Aufschieben ihre speziellen Vor- und Nachteile. Nur eines trifft beim Aufschieben unangenehmer, unvermeidbarer Arbeiten stets zu: Sie haben die Wahl, sich einen Tag mit der Erledigung zu versauen oder viele Tage mit dem Dran-Denken und Aufschieben.

Für kleinere Arbeitshemmungen hilft ein wenig Selbstbetrug, siehe oben: Beginnen statt Anfangen. Bei manifesten Hemmungen hilft nur die Hilfe anderer. Und dies alles gilt nur für das Nicht-Anfangen von Arbeiten; das Aufschieben von Entscheidungen ist ein völlig anderes Problem.

B wie Besucher

Besuchte man früher jemanden, kam man angemeldet, brachte Blumen mit oder Konfekt. Als Besucher gilt heute auch, wer in eine Ausstellung, ein Theater oder einen Zoo geht. Wer dort Einlass begehrt, braucht weder Blumen noch Konfekt, sondern Geld.

Leitungskräfte in Kindertagesstätten sehen sich täglich vielen Menschen gegenüber, die ihr Haus aufsuchen: Kinder und ihre Eltern, Handwerker, Vertreter, Sicherheitsbeauftragte, Mitarbeiter des Trägers, Sozialarbeiter, Berater – viele Leute eben. Manche stören, manche nicht.

Management oder Eintrittsgeld

Leitungskräften, auch in Kindertagesstätten, wird geraten, Besuche und Besucher zu planen. Begründung: Besucher kosten Leitungszeit und stören den Tagesablauf. Die eigene Arbeitsplanung soll nicht Makulatur werden, bevor der Tag so richtig begonnen hat.

Bei regem Publikumsverkehr hilft (nur) ein Besuchermanagement. Entgegen dem ersten Anschein handelt es sich nicht um eine Gruppe von Managerinnen, die nur besuchsweise den Posten einnehmen – vielmehr soll etwas mit den Besuchern geschehen. Das Prinzip des Verfahrens ist, alle noch so unterschiedlichen Ankömmlinge in der Kita als gesichtslose Gruppe der Besucher zusammenzufassen und aus ihnen eine schwierige Managementaufgabe zu machen.

Aber es geht auch anders. Wenn »Eintrittsgeld« ein Merkmal für Besucher ist, lassen sich Kinder und ihre Eltern prima als Besucher identifizieren. Haben sie eine Premium-Card erworben oder sollen sie im dritten Rang stehen? Wie auch immer, eines ist klar: Mit der Bezahlung haben Kinder/Eltern ein Anrecht auf Anwesenheit erworben. Allerdings lassen sie sich nicht managen; mit ihnen muss man kooperieren.

Das Merkmal »Blumen« oder »Konfekt« gebietet Vorsicht. Wer bringt was? Sind Blumen und Konfekt tatsächlich als Dank und Anerkennung gedacht? Oder handelt es sich womöglich um trojanische Pferde?

Anmeldung und Störung

Alle anderen, die Einlass und Leitungszeit begehren, kommen erst recht nicht als Besucher der Kita. Sie sollen dort arbeiten, wollen Geschäfte tätigen oder Kooperation anbahnen. Wer von ihnen kann zum Wohl der Kindertagesstätte beitragen? Wer fügt ihr womöglich Schaden zu? Die Klärung dieser Fragen gibt Ihnen Orientierung, ob Sie den Einlass Begehrenden Leitungszeit widmen wollen und wie viel. Dabei geht es weniger um die Frage des Störens als vielmehr um die Frage nach den Prioritäten Ihrer Leitungsarbeit. Wenn Sie die Aufgabe »Förderung der Entwicklung des Hauses« höher bewerten als die Tätigkeit des Ablage-Sortierens, werden Sie selten gestört.

Manchmal ereignet sich Unvorhergesehenes, oder es kommen unangemeldet Menschen, die Ihre Zeit beanspruchen wollen. Doch würde sich durch die Anmeldung Wesentliches ändern? Was hilft Ihnen eine Anmeldung, wenn Ihnen drei Minuten vor dem Termin Kaffee über Ihre Bluse schwappt? Auch angemeldete Menschen können unpassend oder ungelegen kommen. Und umgekehrt?

Heimsuchung und Versuchung

Besonders wenn Wichtiges des › Anfangens harrt, stellt sich die Frage: Warum müssen diese Leute mich gerade heute heimsuchen? Doch könnte der Satz nicht auch lauten: Warum müssen die mich gerade heute versuchen? Wie anfällig sind Sie für solch allfällige Versuchung, sich gut und gern von Ihrem Vorhaben abhalten zu lassen und zugleich eine allseits akzeptierte Ausrede parat zu haben?

Zugegeben, selbst wenn jeder Kontakt mit einem Menschen, der unangemeldet in die Kindertagesstätte kommt und nichts zum Wohl der Einrichtung beitragen kann, auf nur drei Minuten begrenzt wird, bedeutet dies doch die › Unterbrechung einer laufenden Leitungstätigkeit. Wie häufig geschieht dies? Wie viel Zeit kommt da zusammen? Lohnt sich der Versuch einer generellen Regulierung des Besucherstroms für Sie? Und was wäre das wert – im Vergleich zu den Vorteilen, die sich ergeben, wenn Kindertagesstätten offene Häuser sind?

C wie Creativität

Creativ schreibt man nicht mit C? Wenn, dann nur in englischer Schreibweise mit E am Ende?

Falsch. Das Telefonbuch lügt nicht: Creativ Reisebüro, Creativ Dental, Creativ Wohnbauten und anderes mehr. Sehen Sie das doch nicht so eng, so uncreativ. Wer kreativ immer richtig oder immer gleich schreibt, hat einfach keine Kreatiefität.

Wer ist kreativ?

Uncreativ und eingeengt haben nichts miteinander zu tun? Richtig, doch wen kümmert das? Kreativ wird häufig mit Basteln, Töpfern und Malen kombiniert. Die Apotheken-Rundschau, die Bäcker-Post und der Kaffee-Bote sind voll davon. Gemeint ist fantasievolles Basteln, Töpfern und Malen. Benutzt werden Schablonen oder Rezepte – zum kreativen Kochen. Mithin werden Instrumente eingesetzt, die Fantasie und Kreativität in ihr Gegenteil kehren. Irgendwas soll nachgemacht oder nachgekocht werden. Doch kreativ kann nur die jeweils Erste sein, alle anderen sind begnadete Nacheiferinnen. Nicht unbedingt schlecht, doch eben nur bedingt kreativ. Kreativ ist auch nicht, wer (nur) fantasievoll dekoriert.

Kreativität ist laut Duden schöpferische Kraft. Das ist ein schönes Bild: Etwas Neues wird geschöpft und durch eine Leitung transportiert. Der belastende Teil

an der Aufgabe ist der, dass eine Leiterin nicht nur leiten, sondern auch selbst schöpfen sollte. Dekorieren reicht nicht, Rezepte und Schablonen führen nicht weit. Die schöpferische Kraft muss der Veränderung dienen, sonst wird sie nutzlos angewandt. Leitungskräfte sollten mit dieser Kraft gestalten, nicht verwalten.

Das Schöne an der Aufgabe der Leiterin ist, dass sie im Wortsinne schöpfen kann, nämlich aus den Köpfen der Mitarbeiterinnen. Kreativer ist, die Mitarbeiterinnen selbst schöpfen zu lassen, ihnen dafür Möglichkeiten zu eröffnen. Merke: Wer kreativ ist, muss nicht alles selbst tun. Schön ist, dass sehr viel Gestaltungsfreiheit herrscht (oder frauscht?), denn Kreativität lässt sich nicht einengen.

Kreativ leiten

Ist Creativität angeboren? Lässt sich Creativität lernen? Ja und ja. Kinder schaffen sich neu, sie bilden sich mit ungeheurer Energie. Doch vieles geht über die Jahre verloren. Dazu gehört die Vorstellung davon, dass Kreativität viel mehr sein kann als Farben auf Fensterscheiben aufzutragen. Verschwinden kann sogar die Vorstellung, dass man überhaupt ein Quäntchen schöpferische Kraft besitzt.

Wortgewandtheit in Schrift oder Sprache, Erfindungsgabe, Träumereien, spontane passende Reaktionen, Improvisationsvermögen, Planungsfähigkeiten – all dies hat mit Kreativität zu tun. Wenn Sie anderen Menschen helfen, ihre Stärken zu entdecken und ihre Handlungsfähigkeit zu entwickeln, wenn Sie Menschen zusammenbringen, ihre Kommunikation fördern und ihre Zusammenarbeit anregen, sind Sie kreativ. Sie schaffen etwas. Sie sind die Schöpferin von noch nicht da Gewesenem. Ohne ihre Kraft hätten die anderen nichts oder weniger erreicht.

Wenn Sie so arbeiten und dies von Zeit zu Zeit bedenken, sind Sie eine selbstbewusste, kreative Leiterin. Ab und zu sollten Sie sich das vor dem Spiegel vorsingen, es mit Lippenstift darauf notieren oder einen Erinnerungszettel dahinter stecken. Eben ganz creativ.

D wie Delegieren

Delegieren lassen sich Menschen und Aufgaben. Einzelne Menschen werden durch diesen Vorgang zu Delegierten, mehrere ergeben eine Delegation. Einzeln oder mit anderen dürfen oder müssen die Delegierten sich an einen bestimmten Ort begeben. Dort führen sie als Abgeordnete einen Auftrag aus: In der Regel sollen sie repräsentieren oder eine Forderung überbringen. Kurz: Delegierte sollen vor allen Dingen beeindrucken. Danach haben sie häufig ausgedient.

Arbeitsanweisungen oder Schikanen

Aufgaben hingegen werden nicht abgeordnet, wenn sie delegiert werden, sondern auf eine andere Person übertragen. Das ist in mehrfacher Hinsicht bemerkenswert:

1. Es werden Aufgaben delegiert, keine Tätigkeiten. Wer jemanden bittet, die Tür aufzuhalten, delegiert damit keine Aufgabe, sondern braucht Unterstützung. Klarheit hierüber hilft, den richtigen Umgangston zu finden.
2. Das Weiterreichen von Hilfsarbeiten ist keine Aufgabendelegation. »Rufen Sie doch bitte mal dort an, machen Sie bitte Notizen, schalten Sie bitte abends immer die Kaffeemaschine aus…« Das sind Arbeitsanweisungen, Bitten um Gefälligkeiten, manchmal auch Schikanen. Diesen Handlangertätigkeiten fehlt, was eine Aufgabe ausmacht: Relevanz und Verantwortung.

3. Eine Leitungskraft überträgt eine Aufgabe auf eine Mitarbeiterin, weil sie dazu befugt ist und weil die Aufgabe zu ihrem eigenen Funktionsbereich gehört. In Ämtern und Trägerverwaltungen ist es üblich, dass die Leitungskräfte die Eingangspost sichten und, manchmal mit Anmerkungen, zur Bearbeitung in die Sachgebiete verteilen. Eine solche Zuteilung von Arbeiten fällt nicht unter Delegation, weil die Leitungskraft keine ihrer Aufgaben abgibt, sondern nur Post sortiert.

Wer eine Aufgabe delegieren will, muss demnach seine Aufgaben kennen. Was davon soll übertragen werden? Warum liegt die Aufgabe überhaupt bei der Leitungskraft?

Delegation dient (auch) der Eigenkontrolle. Delegieren ist eine Anforderung an Leitung. Damit ist der Kern getroffen.

Bestätigung oder Herausforderung

Delegieren ist eine wichtiges Instrument der Personalführung und -entwicklung, dessen Einsatz bei jeder Aufgabe der Leitungskraft in Erwägung zu ziehen ist. Wann immer entschieden wird, dass eine Aufgabe erfüllt werden soll, muss die Leitungskraft zugleich entscheiden, wen sie damit betrauen will: sich selbst oder jemand anderes.

Richtiges Delegieren führt Mitarbeiterinnen an schwierige Aufgaben heran, schafft Anreize, erweitert Kompetenzen und vertieft das Wissen der Leitungskraft über das verfügbare Leistungsvermögen.

Wem soll also die Aufgabe übertragen werden? Wählen Sie die Person, die am besten geeignet ist. Das kann sein, wer die Aufgabe vermutlich risikolos und bestens erledigt (Bestätigung!) oder wer reif für eine neue Herausforderung ist.

Risiko und Verantwortung

Um das Risiko des Scheiterns zu vermindern, müssen Mindestanforderungen an das Ergebnis festgelegt werden. Der Zeitpunkt der Erledigung und Termine für Zwischenabsprachen sind zu bestimmen, ebenso die Hilfsmittel und die Unterstützungsmöglichkeiten. Die betreffende Mitarbeiterin muss das Verfahren bei Schwierigkeiten kennen und sie nicht als persönliches Scheitern begreifen, sonst sind das Sachergebnis und ihr Entwicklungsprozess gefährdet.

Vor allem jedoch muss die Leitungskraft bedenken, was sie mit sich und was sie mit der Mitarbeiterin klären muss. Sie muss den Kompetenzrahmen (Entscheidungsvollmacht und Kosten) passend zur Aufgabe gestalten und der Mitarbeiterin volle Handlungsverantwortung zugestehen, sonst ist die Delegation der Aufgabe nutzlos. Mit anderen Worten: Die Leitungskraft enthält sich mit der Übertragung der Aufgabe jeden Eingriffs, jeder Überwachung, jeden Ratschlages, es sei denn, dies wäre Teil der Verabredung oder geschieht bei vereinbarten Zwischenauswertungen. Auch wenn die Handlungsverantwortung übertragen wird, bleibt die Führungsverantwortung (für das Gesamtinteresse) doch stets bei der Leitungskraft.

PS: Das Ganze gilt auch für Mitarbeitergruppen und sogar für Kinder.

E wie Einstellung

Es ist wirklich so: Wer heutzutage jemanden einstellen darf, hat Glück im Unglück. Wahrscheinlich ist eine bewährte Fachkraft zu ersetzen, schade. Aber die Stelle wird nicht gestrichen, schön. Das Verfahren bedarf

einiger Mühe, doch ausreichend Fachliteratur zu den Themen »Einstellung«, »Auswahlverfahren« und »Bewerbungsgespräch« hilft weiter.

Vorüberlegungen

Ab wann man ein Auswahlverfahren beeinflussen kann, hängt von der eigenen Einstellung ab. Gute Bewerberinnen kommen nicht von ungefähr. Obwohl niemand vorhersehen kann, wer im Einzelnen auf ein Angebot antworten wird, grenzen der Ausschreibungstext und das Medium, in dem er erscheint, die Zielgruppe ziemlich genau ein.

In die Überlegungen für eine fundierte Personalauswahl muss das Team einbezogen und vorbereitet werden. Soll die neue Kollegin gut ins Team passen? Sicherlich. Muss sie deshalb genau wie alle anderen denken und handeln? Oder möglichst anders? Wie viel Provokation vertragen oder brauchen die, die bereits da sind?

Nach der Auswahl folgt die Einstellung, und dann schon in der Einarbeitungszeit zeigt sich, wie sie sich anstellt, die Neue. Bekommt sie Unterstützung durch eine Patin, oder ist mit der Einstellung schon alles getan? Wie stellt sich diejenige an, die die Einarbeitung verantwortet? Was ist verabredet für den Fall, dass es nicht so gut läuft wie erhofft?

Fehlgriff?

Leitungskräfte müssen von Zeit zu Zeit über ihre Mitarbeiterinnen schimpfen und dürfen ein wenig über sie stöhnen. Das entlastet. Sie dürfen darüber nur nicht vergessen, dass sie für ihre Leute verantwortlich sind. Gäbe es sie nicht, wäre niemand da, der oder die geleitet werden könnten. Mitarbeiterinnen sind demnach originäre Leitungsaufgabe und eine Begründung für bessere Bezahlung.

Nach dieser Positionsbestimmung schauen wir nochmals genauer hin. Wo kommen die faulen, uninspirierten, unselbstständigen, wenig engagierten, kaum mit-, geschweige denn vorausdenkenden Mitarbeiterinnen her? Jemand muss sie doch eingestellt haben. War die Leiterin daran beteiligt? Oder war gerade sie die letzte, die eingestellt wurde? Verzichtete man aus guten Gründen auf die beste Kandidatin? Lief also das Auswahlverfahren gut, die Auswahl aber schief? Möglich ist ja, dass die neu eingestellte Fachkraft ihre wahre Einstellung zum Beruf im Auswahlverfahren geschickt verbergen konnte. Dann müsste künftig ein besseres Verfahren gewählt werden. Und auch die Probezeit muss neu gestaltet werden.

Verantwortung

Ist die Leiterin der Auffassung, dass das Auswahlverfahren im Grunde nicht verbesserungsfähig ist, stellt sich die Frage, woher die als unqualifiziert angesehene

Mitarbeiterin kommt, anders. Sie war die beste Kandidatin und nicht nur die Einäugige unter den Blinden. Hat sie sich am Ende gar an das vorhandene Niveau im Haus angepasst? Zeigt sie mit ihrer Leistung der Leiterin vielleicht, was ihrer Auffassung nach ausreicht, um ins Team zu gehören?

Genügt diese Mitarbeiterin (oder genügen sogar mehrere) den Ansprüchen der Leiterin nicht, weil sie nicht die richtige Einstellung zeigen oder weil sie unqualifiziert arbeiten? Gegen beides kann die Leiterin etwas einleiten, nur nicht dasselbe. Unqualifizierte Mitarbeiterinnen verantworten die Ausbildungsstätten, also Fachschulen und Praxisstellen, doch für die Fortbildung und Fachberatung sind Leiterin und Träger mitverantwortlich.

Ist die Mitarbeiterin unqualifiziert oder nur nicht genügend qualifiziert? Könnte sie also insgesamt bessere Qualität liefern, oder offenbart sie Lücken? Und warum ist sie – nach Auffassung der Leiterin – nicht genügend qualifiziert?

Wenn Mitarbeiterinnen originäre Leitungsaufgabe sind, dann können sie vor allem als entwicklungsfähig angesehen werden. Es sind Mitarbeiterinnen, die ein Recht darauf haben, dass ihre Qualifikation erhalten und gefördert wird. Dazu zu stehen, fällt sicherlich manchmal schwer. Es ist eine Frage der Einstellung.

E wie Entscheiden

Entschuldigen Sie bitte das zweite E im Alphabet. Ich konnte mich nun mal nicht entscheiden.

Das ist ein gar nicht so seltenes Phänomen. Es tritt in Beruf und Alltag auf. Vielleicht ist es Ihnen geläufig. Sagen wir, Sie stehen vor einer Kuchentheke mit 15 leckeren Torten. Welche nehmen? Lieber gar keine wegen der Kalorien? Auch eine Lösung beziehungsweise eine Entscheidung angesichts der Schwäche, die leckerste Sorte zu wählen.

Einerseits und andererseits

Die Unfähigkeit, für das Leitungs-ABC eine Entscheidung zu treffen, qualifiziert mich nicht gerade zur Leitungskraft, denn »leiten« heißt zu einem guten Teil »entscheiden«. Irgendwelche Zweifel, weil jemand den kooperativen Führungsstil pflegen und alle Entscheidungen mit den Mitarbeiterinnen gemeinsam treffen will? Gratuliere, das ist Ihre einsame Entscheidung für Ihren Umgang mit den Mitarbeiterinnen.
Sie könnten die Entscheidungsfindung auch anders arrangieren – vorausgesetzt Ihr Vorgesetzter oder Ihr Träger hat hierzu keine Entscheidungen getroffen. Immerhin legt er ja die Kompetenzbereiche fest, sollte dies zumindest tun.

Gehen wir also davon aus, dass jede Leitungskraft bestimmte Aufgaben ausführen soll und die dafür nötigen Entscheidungskompetenzen übertragen bekommen hat. Dann steht eine wichtige Entscheidung an, die nichts für Unentschlossene ist, denn wie immer gibt es zwei Seiten. Einerseits darf man, andererseits muss man tätig werden:

- Das Gute an Leitung ist, dass man entscheiden darf, wer was entscheiden soll.
- Das Schlechte an Leitung ist, dass man entscheiden muss, wer was entscheiden darf.

Die Bestimmerin hat viel Einfluss. Wer ihn nicht wahrnehmen kann, hat schlechte Karten, denn irgend jemand findet sich, der die Lücke füllt. Dass dies überwiegend im Sinne der eigentlichen Leiterin geschieht, ist unwahrscheinlich. Jede Leitungskraft sollte darum lieber selbst entscheiden, welche Entscheidungen sie sich in ihrem Kompetenzbereich vorbehält. So entscheidet sie automatisch mit, was und wie die Mitarbeiterinnen (mit-)entscheiden.

Schwarz, weiß oder grau

Entscheidungen treffen ist Macht ausüben. Der Führungsstil offenbart sich am ehesten im Entscheidungsverfahren. Mitentscheiden lassen heißt, Macht zu teilen. Ein partizipativer oder kooperativer Führungsstil setzt die verlässliche Abgabe von Macht voraus. Scheindemokratische Verfahren fliegen über kurz oder lang auf. Dann spielen sich alle was vor oder sich auf, aber es geht nichts voran.

Entscheidungskompetenzen legen Kooperationsbeziehungen fest. Im Schwarz-Weiß-Schema:

- Die Leiterin entscheidet alles – die Mitarbeiterinnen nichts.
- Die Leiterin entscheidet nichts – die Mitarbeiterinnen alles.

Dazwischen liegen einige Graustufen, zum Beispiel:

- Die Leiterin entscheidet nach Information der Mitarbeiterinnen.
- Die Leiterin entscheidet, die Mitarbeiterinnen haben Vorschlagsrecht.
- Die Leiterin gibt zwei Möglichkeiten vor, die Mitarbeiterinnen entscheiden.

Zu beachten sind die Entscheidungsprinzipien und die Verfahren: einfache oder absolute Mehrheit? Nur einstimmige Ergebnisse? Niemand darf dagegen sein?

Bevor eine getroffene Entscheidung in Kraft tritt, unbedingt nochmals drüber schlafen! Entscheidungen können auch befristet getroffen werden. Danach werden die Folgen überprüft. Es gibt viele Möglichkeiten.

Kurze Stilberatung

Wie kommt eine Leitungskraft zu ihrem Stil? Ein Weg ist, sich ein schlüssiges Entscheidungskonzept auszudenken, es festzulegen und zu verkünden. Ein anderer Weg ist, vor jeder Entscheidung kurz innezuhalten und vor der Sachklärung zu überlegen, welcher Art diese Entscheidung ist, wie sie getroffen werden wird und warum auf diese Art und Weise. Über kurz oder lang werden unterschiedliche Wertigkeiten der anstehenden Entscheidungen zu einem differenzierten und für alle Beteiligten transparenten Verfahren führen.

E wie Erfahrungen

Ein seltsamer Satz: »Bücher sind Erfahrungen, die man kaufen kann.« Mit diesem Slogan warben vor Jahren die Buchhändler. Seltsam...

Muss man Erfahrungen nicht immer erkaufen und manchmal teuer bezahlen? Doch was ist schon teuer, wenn es seinen Preis wert ist? Wenn Erfahrungen einem Menschen helfen, ihn verändern, ihn weiterbringen, sind sie dann nicht in jedem Fall preiswert?

Diese Überlegung setzt zweierlei voraus. Nämlich erstens, dass man wirklich Erfahrungen macht, und zweitens, dass man als Leitungskraft sich und sein Arbeitsgebiet voranbringen will.

Was sind Erfahrungen?

Nicht jede und nicht jeder machen Erfahrungen. Manche Menschen erleben nur. Andere erleiden. Damit aus Erlebnissen und Erlittenem wirklich Erfahrungen werden, muss nachgedacht werden, denn Erfahrungen sind reflektierte Erlebnisse, sind reflektiertes Geschehen. Die Anlässe können angenehm oder unangenehm sein. Entscheidend ist, dass man weiterführende Erkenntnisse für zukünftige Situationen oder ähnliche Aufgaben gewinnt.

Es geht bei unangenehmen Erlebnissen übrigens keinesfalls darum, sie sich hinterher schön zu reden, sondern darum, sie nutzbringend zu verwerten. Wenn das Geschehen selbst schon keine Freude bereitete, muss es einen doch wenigstens weiterbringen. Dabei können folgende Fragen helfen:

- Was hat zu diesem Ergebnis beigetragen?
- Was hat zu dieser Situation geführt?
- Was hätte ich anders machen können?
- Worauf muss ich künftig achten?
- Wie kann ich mich – anders, besser, überhaupt – vorbereiten?

Wer diese Fragen beantwortet, ist klüger als zuvor.

Erfahrungen oder Gefühle?

Erfahren ist eine intensive Form des Lernens. Leiten heißt, etwas weiterbringen. Leiten heißt verändern. Erfahren ist auch eine Form der persönlichen Veränderung. So werden Erfahrungen zu einer Voraussetzung für Entwicklungen im Umfeld, denn Leitungskräfte, die Veränderungen in ihrem Arbeitsfeld anstreben, müssen zuerst sich selbst ändern. Sie müssen erfahren und erkennen, was sie zu der veränderungswürdigen Situation beitragen. Erst dann können sie sich gezielt anders verhalten als zuvor, und die Dinge nehmen ihren veränderten Lauf. Deswegen braucht aber niemand auf Gelegenheiten für Erfahrungen zu warten. Sie lassen sich organisieren. Ein Beispiel: Wann müssen die Elternvertreter informiert werden?

Rechtzeitig, damit sie Einfluss nehmen können, aber nicht, bevor die Informationen genügend Substanz haben. Die Leiterin verantwortet den Informationsfluss und den Zeitpunkt. Sie bestimmt aus ihrer Situation heraus, was »rechtzeitig« und »genügend Substanz« heißen. Dafür greift sie auf ihre Erfahrungen zurück. Sie denkt daran, dass › Vertrauen durch gemeinsame Erfahrungen entsteht. Rezepte helfen wenig, und »es im Bauch zu haben« reicht in der Regel nicht.

Obwohl: Untersuchungen des Entscheidungsverhaltens von Leitungskräften ergaben, dass sie – nach eigenen Angaben – vieles aus dem Gefühl heraus entscheiden. Eine Analyse zeigte jedoch, dass ihr Handeln durch eine Vielfalt von abrufbaren Gründen geprägt war, die den Leitungskräften in Fleisch und Blut übergegangen waren. Das Gefühl speiste sich also doch aus Erfahrungen, auch wenn sie fast schon nicht mehr erkennbar waren. Dadurch waren die Befragten einerseits spontan handlungsfähig und lagen in der Sache vielfach richtig. Andererseits war ihnen nicht mehr bewusst, dass ihr Handeln auf Erfahrungen gründete. Dadurch liefen sie Gefahr, andere Erfahrungsmöglichkeiten nicht mehr in Betracht zu ziehen.

Erfahrungen als Argumente

»Also, ich mache immer wieder die Erfahrung...«, sagen Rechthaber gern. Ihre Erfahrung will ihnen keiner nehmen. Was aber haben sie getan, um etwas Neues zuzulassen?

»Schon seit 18 Jahren habe ich die Erfahrung, dass...«, sagen Blender gern und weisen jeden in die Schranken, der neu im Geschäft ist. Wenn jemand seine langjährige Tätigkeit in einer bestimmten Funktion herausstellen muss, um ernst genommen zu werden, kann es mit dem Wert der Erfahrungen nicht so weit her sein. Außerdem: 18 Jahre lang immer die gleiche Erfahrung zu machen, immer wieder mit dem gleichen Ergebnis – gut, eine sichere Erfahrung ist das dann schon. Sie lautet: Ich kann nichts anders machen.

Mehr als die Dauer einer Erfahrung qualifizieren eine Leitungskraft daher vor allem Vielzahl, Vielfalt und Qualität ihrer Erfahrungen.

F wie Fehler und Fallen

Falls Sie es noch nicht wissen: Zu Fehlern kann man stehen, wie sie fallen. Viele finden Fehler in Berufs- oder Beziehungsfragen unverzeihlich und bestrafen sie mit Tadel oder Liebesentzug. Andere sehen Fehler als Quelle des Lernens und sagen: »Lob dem FELHER, er ist ein HELFER.« Durch Fehler merken wir, ob wir noch lernfähig sind. Durch Fehler kommen wir voran.

Fallen hingegen sind unerwartete Hindernisse, fast ausweglose Situationen. Sie überraschen uns böse und sind hinterhältig. Sie halten uns auf.

In der Falle

»Ich habe 9 Karten«, sagt Alessandra.

»Bist du sicher?«

»Ja. 1, 2, 3, 4, 5, 6, 7, 9!« triumphiert sie.

»Ach, da liegt der Fehler...«, entfährt es mir.

»Was ist ein Fehler?« fragt sie, und schon bin ich in der Falle. Soll ich sie mit ihren gerade drei Jahren korrigieren, nur weil sie die 8 mit 9 bezeichnet? Immerhin hat sie richtig gezählt, nur die Bezeichnung der letzten Ziffer verwechselt.

»Weißt du, im Allgemeinen zählt man: 1, 2, 3, 4, 5, 6, 7, 8«, sage ich.

Kurzes Schweigen. Dann meint Alessandra: »Ich kann nur bis 7 zählen.«

Das nun ist eine richtige und eine falsche Erkenntnis zugleich. Meine nächste Falle, wenn man's genau nimmt.

Wer stellt Fallen auf? Immer die anderen. Wilderer! Wegelagerer! Alessandra? Nein, die meisten Fallen sind selbst gestellt, auch wenn man das nicht sofort sehen kann.

Wer in eine Falle der Kategorie Hinterhalt gerät, war vorher zu sorglos und hat wahrscheinlich wichtige Merkmale der Planung vernachlässigt, zum Beispiel Ortskenntnis, Begleitschutz, Verschwiegenheit.

Der Kurzschluss

Genauer betrachtet, gerät man nicht in einen Hinterhalt, man manövriert sich hinein. Wie das geschieht, kann am Kurzschluss erklärt werden. Das ist eine häufig gewählte Falle. Sie funktioniert im Prinzip wie der Hinterhalt, nur müssen keine anderen Personen beteiligt sein. Man legt sich sozusagen gegen sich selbst in den Hinterhalt. Auch beim Kurzschluss werden wichtige Punkte übergangen: »Es wird schon alles glatt gehen. Ich will doch nur Gutes tun.« Aber gut gemeint, ist eben nicht gut getan. Ein Beispiel, das Lob:

Leitungskräfte sollen Mitarbeiterinnen und Mitarbeiter achten und deren Arbeit wertschätzen. Aus der Motivationsforschung wissen Sie, dass positive Rückmeldungen förderlich für Arbeitsleistung und Arbeitsklima sind. Der allgemein verbreitete Leitsatz lautet: Mitarbeiterinnen müssen gelobt werden. Richtig?

Falsch. Ein Kurzschluss, nein drei. Erstens ist Lob eine im Grunde herabsetzende, zutiefst überhebliche Form der verbalen Zuwendung, mithin das Gegenteil von Achtung. Zweitens gilt: Bestätigung ist nur förderlich, wenn die Mitarbeiterin sie nachvollziehen kann und wenn sie an einer wünschenswerten Leistung ansetzt. Sonst wird womöglich Faulheit gelobt, und was dann? Drittens erfahren Mitarbeiterinnen Wertschätzung nicht nur in angenehmen Situationen. (Be-)Achtung durch die Vorgesetzte verlangt nach einer Rückmeldung über bereits Erreichtes (positives Verhalten in Bezug auf das Ziel) und schließt eine Rückmeldung über noch zu Verbesserndes (negatives Verhalten in Bezug auf das Ziel) ein.

Wer Lob mit Anerkennung und Zuwendung mit positiver Bestätigung verwechselt, steckt bös in der Falle, weil er wichtige Zusammenhänge verkürzt.

Die Zwickmühle

Eine zweite, weit verbreitete Falle ist die Zwickmühle. Sie stellt uns vor die Wahl zwischen zwei Möglichkeiten. Beide sind, für sich genommen, durchaus plausibel. Sie klingen vernünftig und praktikabel. Aber wenn sie nebeneinander stehen und man selbst davor, dann muss man sich für die eine und gegen die andere entscheiden.

Wieder ein Beispiel: Erzieherinnen wünschen, dass Eltern sich Zeit für ihre Kinder nehmen, beklagen sich aber, wenn Eltern ihre Kinder erst gegen 10.30 Uhr in den Kindergarten bringen. Sie vergessen: Ungefähr jedes zweite Arbeitsverhältnis bedingt wechselnde Arbeitszeiten.

Was wollen Erzieherinnen wirklich? Sollen Eltern für ihre Kinder da sein? Oder sollen sie ein kindergartenkompatibles Familienleben organisieren? Meine Zusatzfrage an Leiterinnen: Dürfen Ihre Erzieherinnen in Elternrechte eingreifen?

Ein anderes Beispiel: Widersprüchliche Regeln für Kinder schüren Streitsituationen. Was gilt? Eimer, Hängematte, Klebstoff sind für alle da, also muss geteilt werden. Oder gilt: Wer mit etwas spielt, bleibt ungestört, denn wer zuerst kommt, mahlt zuerst?

Wer in eine Falle getappt ist, fühlt sich wie in einer Sackgasse. Zwei Wege führen wieder raus: geradeaus weiter und mit dem Kopf durch die Wand oder geordneter Rückzug und neues Nachdenken, wohin die Leitungstätigkeit führen soll. Die beiden letzten Beispiele zeigen, dass es hilft, Prioritäten zu klären und danach ebenso konsequent wie sorgfältig zu verfahren. Jede und jeder können ein gutes Stück des eigenen Handelns vorausdenken und Gefahren erkennen. So lassen sich Fallen umgehen. Gerade bei Zwickmühlen hilft es, immer eine zusätzliche dritte, völlig andere Handlungsoption parat zu haben. Es ist besser in einen Fettnapf zu treten, als in einer Falle zu stecken.

G wie Gelegenheit

Geradewegs aus dem Leben gegriffen: »Das war doch die Gelegenheit gestern, da konnte ich endlich mal...« Ja, so etwas bietet sich nicht so schnell wieder. Bei Sonderangeboten muss man einfach zugreifen, wenn die Zeiten hart und die Mittel knapp sind.

Die beste Gelegenheit

Übertragen auf Leitungshandeln: Wenn die Zeiten für die Leiterin hart und ihre persönlichen Mittel beschränkt sind, muss sie versuchen, irgendwie durchzukommen. Allerdings klingt das nicht nach gut entwickeltem Leitungsstil, kündet auch nicht von Tatkraft und Ideenreichtum. Anscheinend macht die Leiterin sich vom Zufall abhängig.

Es gibt, wie immer, Steigerungsformen. Das ist in diesem Fall die beste Gelegenheit. Sie taucht gern in Zwischenräumen auf, zum Beispiel zwischen Tür und Angel, wenn es eigentlich um ein ganz anderes Thema geht. »Bei dieser Gelegenheit will ich Ihnen endlich mal sagen...« Wenn Mitarbeiterinnen das hören, wissen sie, dass abgerechnet wird: »Die Chefin will sich Luft verschaffen.«

Was offenbart die Leiterin noch? »Ich bin nachtragend und hege Rachegefühle.« Sie gibt zu erkennen, dass frühere Verärgerung nicht wert war, angesprochen zu werden, doch zu tief saß, um vergessen oder vergeben zu werden.

Ein weiterer Grund, um auf die beste Gelegenheit zu warten, ist Feigheit. Mitarbeiterinnen, die das durchschauen, wissen: »Die Chefin sucht nur einen Vorwand, um durchzusetzen, was sie beabsichtigt, denn sie traut sich nicht, es direkt anzuordnen.« Keine Vorgesetzte kann sich lange verstecken. Die Maske der Freundlichkeit ist durchsichtig, und nur wer hinter ihr steckt, denkt, dass sie verhüllt.

Aus gegebenem Anlass...

Manche »besten« Gelegenheiten werden verschleiert. Dazu wird die Sprache der Bürokratie bemüht. »Aus gegebenem Anlass...« schreiben nicht nur Hausverwalter allen Mietern, wenn sie wollen, dass auch der letzte seinen Müll künftig in die richtige Tonne leert. »Aus gegebenem Anlass...« schreiben Vorgesetzte in der Trägerverwaltung an alle Einrichtungen, wenn sie die Urlaubslisten pünktlich haben wollen – aber immer wieder kommt eine zu spät.

Wenige Einzelne sind gemeint, alle werden angeschrieben. An die Stelle persönlicher Ansprache tritt allgemeine Anklage. Warum? Feigheit als Motiv hatten wir schon, Faulheit kommt hinzu. Individuelle Ansprache macht Mühe, und die lässt sich doch wohl vermeiden?

Schreiben »aus gegebenem Anlass« werden formuliert, als sollten sie ein letztes Mal an ewig geltende Regeln erinnern. Mit Erfolg?

»Aus gegebenem Anlass weise ich darauf hin, dass das fünfte Gebot ›Du sollst nicht töten!‹ heißt.« Es wird auf eine Anweisung hingewiesen. Diese Anweisung scheint nicht sehr wirksam gewesen zu sein. Kann der Hinweis mehr ausrichten?

Wer »aus gegebenem Anlass« schreibt, kennt diesen, enthält ihn jedoch den Adressaten vor. »Aus gegebenem Anlass weisen wir auf das Rauchverbot hin!« Was ist der Anlass? Die Einführung des Rauchverbots an einem Ort, an dem vorher gequalmt werden durfte? Oder ein ertappter Sünder, für den nun alle Anwesenden büßen müssen, selbst die Nichtraucher?

Mangel an Transparenz

Wie auch immer – jedenfalls mangelt es an Transparenz. Dieser Mangel verursacht entweder ein schlechtes Gewissen oder Überdruss. Leiterinnen sollten dies beachten. Beides sind schlechte Voraussetzungen für gute Arbeitsleistungen.

Mangel an Transparenz zeugt von einem Leitungsstil, dem der Wille zur Zusammenarbeit abgeht. Wer einen »gegebenen Anlass« kennt, kann und muss ihn offen legen, denn vollständige Informationen sind eine Voraussetzung für Beteiligung und Engagement. Gesetzt den Fall, es gibt tatsächlich einen Anlass, dann gebietet es der faire, demokratische Umgang auch zwischen Menschen unterschiedlicher Hierarchiestufen in einem Arbeitsverhältnis, dass der Grund erklärt wird. »Aus gegebenem Anlass« ist ein Synonym für »aus Mangel an Eigeninitiative, Mut, Nachdenken, Kompetenz...«

Bevor Leiterinnen eine Gelegenheit nutzen, sollten sie daher über zwei Fragen nachdenken:

1. Ist die Gelegenheit so günstig, wie es scheint?
2. Warum bin ich dem Thema bisher ausgewichen und habe die Gelegenheit nicht längst selbst geschaffen?

Wer auf eine Gelegenheit hinarbeitet, erkennt deren Vor- und Nachteile besser als jemand, der überrascht vor der Gelegenheit steht und später womöglich feststellen muss: Es war nicht die beste Gelegenheit, sondern wieder einmal nur die Bestie Gelegenheit.

H wie Handlungsoptionen

Halten Sie sich gut fest. Jetzt kommt es zu einer Selbstoffenbarung. Nein, keine Panik, nichts Privates wie sexuelle Vorlieben oder Kontostand, aber doch etwas Persönliches.

Ich gestehe, dass ich mir in einem Seminar sehr schnell eine Meinung über Leiterinnen bilde, obwohl ich ihnen das erste Mal begegne und beruflich distanziert sein müsste. Bezogen auf die einzelne Person, die ich kaum kennen gelernt habe, kommt die Meinung einem Vorurteil gleich. Das tut mir leid, aber es passiert, und dann sitzt die Person in einer von zwei Schubladen. Auf einer steht »gute Leiterin«, auf der anderen »schlechte Leiterin«.

Denjenigen, die jetzt noch weiterlesen, will ich das gern erklären.

Zwei Erklärungen

Erstens: Mit dem Moment der Klassifizierung beginnt meine Arbeit so richtig. Von da an überlege ich, wie jede der schlechten Leiterinnen in die andere Schublade kommen kann und wie jede der guten Leiterinnen besser werden oder zumindest bestätigt werden kann. Das heißt: Meine Entscheidung für »gut« oder »schlecht« setzt mich unter Handlungsdruck.

Die zweite Erklärung führt zu den Kriterien meiner Zuordnung. Wen halte ich für eine gute Leiterin und wen nicht?

Die Unterscheidung ist einfach. Wer leitet, ist gut, wer nicht leitet, ist fehl am Platz. Wer leitet, kann sich und sein Konzept verändern. Wer nicht leitet, erfüllt seine Aufgabe nicht. Darum entscheide ich nur danach, »ob«, und nicht, »wie« jemand leitet.

Hinzu kommt, dass mich das »Wie« nichts angehen darf – es sei denn, die Teilnehmerinnen richten entsprechende Erwartungen an mich. Wenn ich die Leiterinnen respektiere, kann ich die von ihnen vorgestellten Beispiele weder anzweifeln noch kontrollieren. Ich weiß nicht, wie jemand sich im Alltag verhält – freundlich, geschickt, verständnisvoll oder eben nicht –, habe darauf auch keinen Einfluss und muss mich folgerichtig zurückhalten. Jede Leiterin muss mit ihrer Eigenart ihren Stil und ihr eigenes Konzept finden.

Weiterhin gehe ich davon aus, dass es selten detaillierte Arbeitsplatzbeschreibungen für Leiterinnen gibt. Noch seltener wird ihnen ein bestimmtes Leitungsverhalten oder -konzept abgefordert. »Gut« oder »schlecht« kann sich daher nur am Erfolg ihrer Arbeit messen; die Verantwortung für die Umsetzung liegt ganz bei ihnen. Nur wenn ein Leitungskonzept vorgegeben ist, kann gemessen werden, wie gut jemand es ausfüllt.

Die dritte Erklärung

Diese Erklärung betrifft die Frage, wie ich zu meiner Einschätzung komme. Ob Leiterinnen leiten oder nur auf dem Posten bezahlt werden, lässt sich daran erkennen, ob sie Handlungsoptionen haben, einbeziehen, schaffen. Wer keine Handlungsoptionen hat, hat keine Wahl, sondern nur eine Reaktionsmöglichkeit, und muss das tun, was ihm gerade einfällt.

Ein Beispiel: Eine Leiterin berichtet, dass sie einer Erzieherin aus einer anderen Einrichtung des Trägers eine letzte Chance geben soll. Auf die Frage, wie sie vorgehen will, antwortet sie: »Das bespreche ich mit meinem Team.« Nachfrage: »Warum?« Antwort: »Na, die sind doch davon betroffen.« Weitere Nachfrage: »Und was machst du noch?« Schulterzucken.

In solchen Momenten schlage ich innerlich (!) die Hände über dem Kopf zusammen und schließe die Gute-Leiterinnen-Schublade.

Sicher, die Leiterin bemüht sich, das ist zu erkennen. Sie will nett sein und die Mitarbeiterinnen beteiligen. Vielleicht aber scheut sie sich nur vor der Verantwortung. Wer weiß das schon? Jedenfalls bezieht sie nur eine Handlungsmöglichkeit ein: Sie will mit dem Team sprechen. Sie will beispielsweise keine Einzelgespräche führen, die Verantwortung nicht selbst tragen, dem Träger nicht entgegentreten, Gerüchten nicht vorbeugen, ihre eigenen Vorstellungen nicht darlegen, kein Anleitungskonzept entwickeln oder überprüfen, keine Entscheidungskriterien vorbereiten...

Haben oder tun?

Schlechte Leiterinnen haben keine Handlungsoptionen, weil sie nur wissen, was sie haben wollen. Sie wissen nicht, dass zuerst sie etwas tun müssen, und haben keine Idee, wie was zu erreichen ist. Schlechte Leiterinnen wissen nie, was sich entwickeln soll und welche Impulse sie setzen müssen. Sie handeln ichbezogen. Sie wollen etwas so (oder anders) haben. Sie erwarten, dass die Mitarbeiterinnen es ihnen darbringen. Die erfüllen dann die Erwartungen oder nicht.

Gute Leiterinnen hingegen denken aufgabenorientiert und prozessbezogen. Welche Möglichkeiten und Gefahren gibt es? Welche Potenziale lassen sich nutzen und entwickeln?

Handlungsoptionen zu schaffen setzt voraus, dass man handeln will und kann.

Viele, die sich selbst als gute Leiterinnen bezeichnen oder als solche angesehen werden, sind es meines Erachtens nicht. Sie arbeiten selbst zu viel, zu hektisch, zu chaotisch und sind damit schon mal keine Vorbilder. Andere sind lieb und hilfsbereit, mobben nicht, aber haben für alles Verständnis. Sie lassen zu, sie fordern nicht, sie entwickeln nicht, sie geben keine Richtung an – das heißt, sie leiten nicht. Wie eine Erzieherin keine Erzieherin sondern nur Erlauberin ist, wenn sie Kindern etwas erlaubt, das die schon können, ist eine Leiterin keine Leiterin, sondern nur eine (Aus-)Nutzerin vorhandener Fähigkeiten, wenn sie die Mitarbeiterinnen gewähren lässt. Ihre einzige Handlungsmöglichkeit besteht darin, zuzulassen. Noch Fragen, in welcher Schublade sie landet?

I wie Informations-Overkill

Informationen sind Instrumente der Herrschaft. Wer nicht über die nötigen und richtigen Informationen verfügt, kann sein Handeln bestenfalls auf Intuition gründen. Die trägt nicht lange und trügt oft. Darum ist, wer keine verwertbaren Informationen besitzt, isoliert und ohnmächtig. Daraus zu schließen, viel hilft viel, ist falsch. Zu viele Informationen können ebenso schaden wie zu wenige.

Wie das?

Die Erklärung liegt wohl in der Verfügbarkeit von Informationen und der Verfügungsgewalt über sie. Nur der Zugriff auf Informationen und das Wissen, wie ich sie nutzen kann, verleihen mir Macht. Die beste Information nutzt nichts, wenn ich nichts damit anfangen kann, weil ich ihren Inhalt nicht verstehe oder weil dessen Tragweite mir verborgen bleibt. »Verfügbar« heißt also nicht nur »erhältlich«, sondern auch »anwendbar«, »einsetzbar«, »nützlich«.

Wem nützt die Information?

Genau diese Frage sollten sich Leiterinnen stellen, bevor sie Informationen weitergeben. Und die Entscheidung für das Weiterleiten muss genau so verantwortlich gefällt werden wie die Entscheidung für den Papierkorb. Jede Leiterin muss das richtige Maß finden im Zusammenspiel von Ansprüchen der Mitarbeiterinnen und Arbeitsnotwendigkeiten: Was wird gebraucht, was wird gewollt, was kann verarbeitet werden?

Demokratie ist (auch) Informationsfreiheit. Doch das Zuschütten der Mitarbeiterinnen mit Informationen hat nichts mit demokratischem Leitungshandeln zu tun. Zu viele Informationen lähmen ebenso wie zu wenige. Zu viele Informationen töten Interesse. Der Begriff Informations-Overkill weist auf diesen Zusammenhang hin.

Mit der Menge der Informationen wächst auch die Möglichkeit, Menschen zu manipulieren. Wer Mitarbeiterinnen ruhig stellen will, füttert sie mit vielen (Neben-) Informationen. Wer Ausschüsse in die Irre leiten will, bastelt eine riesige Tagesordnung und versteckt die (eine) wichtige Information unter »Verschiedenes«. Wer anderen den schwarzen Peter zuschieben will, der sagt: »Ich habe doch immer alles weitergegeben...«

Informationsfülle hilft, Verantwortung abzuwälzen. Wer das will, überlässt anderen die Auswahl aus einer Flut von Informationen und kann Menschen unter dem Deckmantel der Partizipation von wichtigen Dingen ablenken, sie sogar in Unmündigkeit halten.

Was kann eine Leiterin tun?

Zuerst: Aktiv Verantwortung übernehmen und Informationen nicht grundsätzlich automatisiert weiterleiten.

Sodann: Sich vor Augen führen, dass das hier Beschriebene auch von Seiten der Mitarbeiterinnen auf sie zukommt. Erliegt eine Leiterin manchmal der Versuchung, wichtige, aber konfliktträchtige Informationen für sich zu behalten, so gilt das auch für die

Mitarbeiterinnen. Sie neigen nicht zu Auskünften über tendenziell Unangenehmes, sind also wortkarg. Oder – das Gegenteil – sie füttern die Leiterin mit vielen Nebensächlichkeiten, die lieber Nebelsächlichkeiten heißen sollten, denn sie vernebeln das Eigentliche oder lenken ab.

Und nicht zuletzt: Eine Leiterin kann sich Regeln setzen und vor der Weitergabe selbst überprüfen, ob

- eine Information für den Adressaten wichtig, ob sie vollständig und verständlich ist;
- eine Information weiterführt und Gewinn bringt;
- sie tatsächlich eine Information auf Verdacht weitergeben will: »Vielleicht ist das was für Sie, lesen Sie mal...«;
- sie eine Ankündigungs-Information weiterleiten will: »Ich habe gehört, dass...«, denn diese Information wirkt wie ein Gerücht und sollte deshalb unterbleiben;
- Informationen, die sich unter dem Tagesordnungspunkt »Verschiedenes« ansammeln, tatsächlich sinnvoll sind, denn Themen, die man nicht benennen und zuordnen kann, muss man nicht besprechen;
- sich wesentliche Informationen herausfiltern und weitergeben lassen, während vertiefende Zusatz-Informationen für die Adressaten in einem Speicher zur Selbst-Information unter bestimmten Stichworten bereitgehalten werden können.

Zu viel Information oder zu wenig, das ist eine fast klassische Zwickmühle für Leiterinnen. In dem einen wie in dem anderen Fall können Sie angegriffen werden, weil andere Menschen, Ihre Mitarbeiterinnen oder Ihr Träger anderer Auffassung sind als Sie. Als Leiterin können Sie eben keine Probleme vermeiden, Sie können sich nur aussuchen, welchem Problem Sie begegnen wollen. Wenn Sie die obigen Merkpunkte beachten, haben Sie mit Sicherheit gute Argumente für Ihre Position gesammelt.

I wie Ideal und Irrtum

Im Grunde ist auch das wieder ganz einfach, jedenfalls wenn man es sich einfach machen will. »Gute Mitarbeiterinnen haben Interesse!« Das kann jede gute Leiterin sofort sehen. »Gute Mitarbeiterinnen zeigen Initiative!« Die anderen sind faul und desinteressiert.

Aber leider, leider, leider sind gute Mitarbeiterinnen nur ein Ideal. Sie sind das Ideal inkompetenter Leitungskräfte. Die brauchen so etwas. Für sie ist ein Ideal ein Zustand, den man sich wünschen kann. Für sie ist ein Ideal einfach ideal, weil es die Arbeit daran verbietet.

Das Alibi für Nichtstun

Was könnte eine Leiterin auch schon groß tun, um in ihrer Einrichtung »gute Mitarbeiterinnen« zu haben? Sollte sie etwa ein Ziel entwickeln (das Ideal beschreiben) oder planen, organisieren (um es umzusetzen) und Mitarbeiterinnen fördern (damit sie ideal arbeiten können)?

Wieso soll eine Leiterin ihre Mitarbeiterinnen fördern? »Gute Mitarbeiterinnen« brauchen nicht gefördert zu werden, sie fördern sich selbst. Und bei allen anderen ist Förderung zwecklos.

Da ist es wieder, das Ideal inkompetenter Leiterinnen. Das Alibi für Nichtstun.

Gesetzt den Fall, eine Leiterin hätte mit Glück ausschließlich »gute Mitarbeiterinnen« zu leiten, dann hätte sie automatisch die Aufgabe, deren Qualifikation zu erhalten und zu erweitern. Das heißt, die Leiterin müsste nicht nur eine klare Vorstellung davon haben, was die Mitarbeiterinnen so »gut« machen, sondern auch wissen, welche bereits vorhandenen Kompetenzen vertieft werden können, was sie Neues zukunftsgerichtet anbieten kann und wie sie dabei vorgehen will.

Noch bevor diese Leiterin an die Aufgabe der Förderung geht, kann sie sich vergegenwärtigen, dass »gute Mitarbeiterinnen« ihre Qualitäten nicht unter allen Umständen beweisen können. Umgekehrt gilt, dass »schlechte Mitarbeiterinnen« nicht unter allen Umständen inkompetent sein müssen.

Unterstellt wird, dass manche Mitarbeiterinnen faul und desinteressiert sind. Aber werden sie nicht dazu gemacht? Wer oder was hindert sie daran, initiativ zu werden? Wer oder was weckt ihr Interesse? Und wer oder was hält die Initiative und das Interesse der »Guten« aufrecht?

Wie der Herr, so's Gescherr!

Apropos Interesse. »Gute Leiterinnen« unterscheiden zwischen Interesse haben und Interesse zeigen. Die Meßlatte kann hoch gelegt werden: Als »gut« werden nur die Mitarbeiterinnen bezeichnet, die unter allen Umständen und ohne Unterbrechung Interesse zeigen. Doch wie wird dieses Verhalten von Interesse heucheln unterschieden? Dann sollten »gute Mitarbeiterinnen« lieber Interesse haben. Was aber nutzt haben, wenn sie das Interesse nicht umsetzen?

Leiterinnen können die Schuld bei den Mitarbeiterinnen suchen, falls sie deren Interesse nicht erkennen. Oder sie stellen sich selbst sinnvolle, weiterführende Fragen. Wenn Mitarbeiterinnen nicht so arbeiten wollen, wie die Leiterinnen es gern hätten, können Leiterinnen sich ihre Vorurteile prima bestätigen oder die Ursachen ergründen.

Eine immer wieder zu beobachtende Ursache ist die Unkenntnis der Mitarbeiterinnen über die konkret an sie gerichteten Anforderungen. Eine weitere Ursache liegt darin, dass die Leiterinnen sich einer Illusion hin- und diese als Ideal ausgeben.

Wenn Mitarbeiterinnen nicht tun, was man will, empfiehlt sich daher, zuerst das eigene Ideal zu überprüfen. Erscheint es einem als Wunsch, den andere erfüllen sollen? Oder setzt es sofort den Prozess eigenen kreativen Schaffens in Gang? Wirkt es als Anforderung an einen selbst oder an andere? Jeder kann an seinem Ideal (Konturen schärfen) und für sein Ideal arbeiten (zum Beispiel dafür werben).

Alles andere wäre in diesem Zusammenhang ein Irrtum, denn wirklich gute Mitarbeiterinnen bedürfen zwar der Leitung, aber nicht unbedingt einer Leiterin. Gute Mitarbeiterinnen leiten sich selbst. Sie (be-)fördern sich sogar selbst, im Zweifel zu besseren Anstellungsträgern. Leiterinnen klagen daher besser nicht über Mitarbeiterinnen »ohne Initiative und Interesse«, denn dies zu verändern ist ihre Aufgabe. Meine Oma hatte für solche Situationen einen Sinnspruch: Wie der Herr, so's Gescherr! In die Fachsprache der Pädagogik übertragen: die Vorbildwirkung des eigenen Verhaltens.

I wie Interventionen

Illusionär wäre zu glauben, eine Leiterin könne irgendetwas einfach nur so machen. Grüßt sie, dann wie und wen zuerst? Scherzt sie, dann mit wem und warum? Wie viele und welche › Informationen gibt sie weiter? Spricht sie an, was ihr auffällt, oder wartet sie ab, bis sich eine › Gelegenheit ergibt? Jede Reaktion und erst recht jede Aktion der Leiterin hat in einer Einrichtung besonderes Gewicht. Jede Handlung der Leiterin beeinflusst den weiteren Gang der Dinge.

Das hört sich nicht nur dramatisch an. Es ist dramatisch! Aber es ist kein Schicksal, das über die Leiterin kommt. Unabänderlich ist nur, dass der Einfluss von Leiterinnen gegeben ist. Alles andere gehört zu ihrer Gestaltungsfreiheit.

Eingriffe auf dem letzten Drücker

Wenn man annimmt, dass eine Leiterin immer Einfluss hat auf das, was sich in ihrer Einrichtung und speziell bei den Mitarbeiterinnen bildet, dann kann sie jederzeit aktiv Einfluss nehmen; dessen sollte sie sich bewusst sein. Ob sie will oder nicht, ihr Tun und Lassen wird beachtet, gewichtet und bewertet. Ob es auch geachtet wird, liegt nicht zuletzt an der Art der Einflussnahme. Packt sie aktiv zu, vielleicht sogar geplant, gezielt und reflektiert handelnd?

So wie man nicht nicht-kommunizieren kann, ist es einer Leiterin unmöglich, nicht zu intervenieren. Streng genommen. Etwas einfacher wird die Aufgabe des Leitens, wenn wir als Interventionen solche Handlungen von Leiterinnen bezeichnen, mit denen sie aktiv und absichtsvoll in das Gefüge ihrer Einrichtung – Personal und Organisation – eingreift.

Eine Intervention ist ein Eingriff. Falsch wäre die Interpretation, dass Eingriffe nur etwas verhindern sollen: Das Recht zum letzten Eingriff behalte ich mir vor. Oder: Im Notfall kann ich immer noch eingreifen.

In der Politik heißt es: »Dagegen muss man doch intervenieren!« Gemeint ist, dass jemand meint, gegen etwas vorgehen, mindestens Einspruch erheben zu müssen. Lautes Empören soll hervorgerufen werden. Diese Art Interventionen erfolgt auf dem letzten Drücker, vermutlich zu spät für sinnvolle Resultate.

Eingriff mit Auswirkungen

Im Gegensatz dazu sind Interventionen als rechtzeitige Unterstützung denkbar,

- um einen Prozess in Gang zu setzen oder zu beschleunigen;
- um Mitarbeiterinnen in die Lage zu versetzen, initiativ zu handeln;
- um Selbstbewusstsein und Partizipation zu fördern...

Damit diese Seite von Interventionen zum Tragen kommen kann, müssen Leiterinnen sich der Tragweite ihrer Handlungen bewusst sein. Noch einmal mit dem Schwerpunkt auf das Personal: Jeder Vorschlag, jede Handlung, jede Information ist ein Eingriff in das System, das jemand leitet, und hat Auswirkungen auf die Beziehungen und die Kompetenz der Mitarbeiterinnen. Dementsprechend muss die Leiterin vorgehen. Weder zaghaft noch verzagt, doch überlegt und die Folgen bedenkend, die ihre Intervention im Hinblick auf Zielsetzung, Veränderungsprozess, Personal- und Organisationsentwicklung bewirken kann – nicht gewünschte Nebenwirkungen eingeschlossen.

Eingriffe als Angebote

Keine Intervention – nicht einmal die Notbremse, siehe oben – sollte Unsicherheit oder Angst bei Mitarbeiterinnen auslösen. Im Gegenteil: Alle Interventionen sollten Neugier und Interesse erregen, sollten zu Fragen ermuntern.

Dies gelingt mit großer Sicherheit, wenn jeder Eingriff einer Leiterin zugleich ein akzeptables Angebot für die Mitarbeiterinnen enthält. Darunter ist weder ein Bestechungsversuch zu verstehen noch eine kaum verhüllte Erpressung wie in »Der Pate«: »Wir haben ihm ein Angebot unterbreitet, das er nicht abschlagen konnte.«

Akzeptabel wird ein Angebot häufig schon allein dadurch, dass die Kompetenz der Mitarbeiterinnen geachtet wird, dass sie beispielsweise nicht mit einem Problem konfrontiert werden, sondern frühzeitig, aktiv und ernsthaft an der Problemformulierung und Zielfindung beteiligt werden.

Grundvoraussetzung ist wie immer, dass die Leiterin ihre eigenen Ziele geklärt und klar formuliert hat. Ohne Orientierungsqualität läuft auch auf dieser Ebene nichts. Darüber hinaus hat Klarheit über Ziele den ganz pragmatischen Vorteil, dass sie entlastet und dadurch hilft, besser auf die Vorstellungen anderer zu hören, sie zu verstehen und sie zu (be-)achten.

J wie Jammern

Jahrelange Erfahrung... Halt, dieses Thema nicht! Das aktuelle heißt »Jammern«. Oder doch nicht? Jahrelange Erfahrung zeigt nämlich, das sich alles in neuem Gewand wiederholt, in neuer Joppe wiederkehrt – um dem aktuellen Buchstaben gerecht zu werden. Das ist keine Frage der Mode, sondern abhängig davon, wer über das Jammern jammert.

Die Vorwerfer

Da jammern zum Beispiel die Vorwerfer, die kaum von den Besserwissern zu unterscheiden sind. Sie fordern: »Jetzt hört doch endlich auf zu jammern! Ihr habt doch gar keinen Grund dazu!« Sie drohen damit, es könnte schlimmer kommen. Sie tun so, als hätten sie selbst schon schlechtere Zeiten erlebt. Sie geben vor, ein Leid objektiv messen zu können: Bis zu einer bestimmten Grenze erscheint Nölen erträglich, danach aber als unerträgliches Jammern. Gern werfen sie auch Undankbarkeit vor: »Bei allem, was ich für dich getan habe...« Vor allem aber wollen Vorwerfer kein Jammern hören, und darum befehlen sie Anderen, damit aufzuhören.

Wer sind sie, die Vorwerfer? Häufig finden wir sie unter Erwachsenen (Vorwürfe gegen Kinder) und immer noch unter Wessis (gegen Ossis). Seit Jahrzehnten sind es Unternehmer und ihre Politiker (gegen die hart Arbeitenden), aber auch Chefinnen (gegen direkt Untergegebene). Ihr Gemeinsames: Es sind stets die Mächtigen, die den Ohnmächtigen vorhalten, sie jammerten bis zur Besinnungslosigkeit.

Die Ablenker und die Willigen

Gut über das Jammern jammern können auch die Ablenker – Schäferhundbastarde, die mit den Wölfen heulen. Jedes weitere Wort wäre Verschwendung, wenn sie eindeutiger von denjenigen zu unterscheiden wären, die wirklich unter dem Jammern leiden und es überwinden wollen: den Willigen.

Die Willigen sind potenzielle Bündnispartner für alle Leitungsverantwortlichen. Ihr Jammer signalisiert: »Jetzt reicht's!« Doch in ihrer Position können oder dürfen sie (allein) nichts ändern. Das ist eine Aufgabe für die Leiterin.

Wie können die Ablenker von den Willigen unterschieden werden? Da helfen der Leiterin vermutlich nur genaues Hinhören sowie Versuch und Irrtum mit guten Ködern, nicht Kötern.

- Hinhören: Die Willigen jammern nicht gern, eher selten.
- Versuch und Irrtum: Die Leiterin kann ein von Mitarbeiterinnen geäußertes Problem auf- und damit ernst nehmen. Wer will an der Lösung mitarbeiten? Wer hat Vorschläge, Ideen? Wer hat Vorteile, wenn er oder sie nichts ändert?

Ein Vorteil liegt auf jeden Fall bei der Leiterin: Wer ablehnt, einen Missstand zu beenden (daran mitzuarbeiten, dass...), darf künftig nicht darüber klagen. Das Jammern wird leiser, wenigstens etwas.

Vorbeugendes Jammern und Abjammern

Für die Psychohygiene eines Teams kann eine Methode hilfreich sein: das vorbeugende Jammern. Es hilft sogar in der Anfangsphase, wenn ein Team sich gerade mit dem Jammervirus infiziert hat.

Vorbeugendes Jammern funktioniert wie Impfen. Man lässt sich auf den Erreger ein und entwickelt Abwehrkräfte dagegen. Das funktioniert zum Beispiel so, dass in einer Teamberatung eine gewisse Zeit dafür aufgewandt wird, damit alle, wirklich alle mal frei von der Leber weg losjammern über die Ungerechtigkeit der Welt, das Wetter oder was immer gewünscht wird. Damit kann man sich Luft machen und es dabei bewenden lassen. Oder die Themen werden gesammelt, sortiert und (siehe oben) zur Bearbeitung freigegeben.

In diesem Rahmen bekommt das Wort »Abjammern« eine schöne Bedeutung. Entlehnt ist das Vorgehen dem

Trauern, wie es in vielen Gegenden der Welt üblich ist. Heftigstes Wehklagen und Schluchzen hilft den Überlebenden, den Tod eines Angehörigen zu überwinden. Mitteleuropäern erscheint solches Verhalten oft hysterisch und überzogen, doch gehen die Trauernden nach der intensiven Jammerphase häufig viel schneller zur Tagesordnung über, als wir es hier als »schicklich« ansehen.

Vielleicht ist das ja auch ein wichtiges Unterscheidungsmoment für Leiterinnen, wann Jammern eine positive Funktion erfüllt und wann nicht. Dient es vorübergehend der Verarbeitung von Trauer über einen Verlust, einen gescheiterten Versuch oder eine unliebsame Veränderung, kann es zugelassen und genutzt werden, um voranzukommen. Wird mit dem Jammern jedoch eine dauerhafte oder sogar eine Lebenseinstellung bekundet, sollte die Leiterin schleunigst gegensteuern.

Mittel gegen das Jammern

Einfach mit dem Jammerlappen drüberwischen.

Das Jammertal mit dem Jammerberg auffüllen.

Oder: Den Jammerberg ins Jammertal kippen.

Wenn das alles nicht klappt: Jammerschade.

K wie Klammeraffe

Kennen Sie die Situation, die Kenneth Blanchard beschreibt? Ich habe sie in seinem bei Rowohlt erschienen Buch »Der Minuten-Manager und der Klammer-Affe« gelesen und gebe sie hier gekürzt wieder:

Auf dem Flur treffe ich einen Mitarbeiter. »Guten Morgen«, grüßt er. »Kann ich Sie einen Moment sprechen? Wir haben da ein Problem.« Ich muss natürlich wissen, was meine Mitarbeiter machen, deshalb höre ich mir seine ausführliche Schilderung an. Ich steige auf die Sache ein – Problemlösung ist schließlich mein Job. Die Zeit verstreicht. Der erbetene Moment wird deutlich ausgedehnt. Nun komme ich zu spät zu meinem nächsten Termin. Das vorgetragene Problem kenne ich jetzt gerade gut genug, um zu wissen, dass ich mich damit befassen muss, aber nicht gut genug für eine Entscheidung. Also sage ich: »Wir müssen ausführlicher darüber reden. Ich werde nachdenken und Sie dann wieder ansprechen.« Damit trennen wir uns.

Was ist ein Klammeraffe?

Was ist passiert? Bevor ich meinen Mitarbeiter im Flur treffe, hat er den Affen auf dem Rücken. Dann sprechen wir miteinander: Der Affe hangelt sich zu mir rüber. Schließlich sage ich: »Ich überlege mir die Sache und spreche Sie wieder an.« Der Affe ist umgestiegen, und mein Mitarbeiter geht erleichtert seiner Wege.

Kommt Ihnen das bekannt vor? Ja? Das ist gut, bitte weiterlesen!

Falls Sie die Situation nicht kennen, sind Sie wahrscheinlich nicht anfällig für den Klammeraffen. Vielleicht haben Sie ihn aber nur noch nie bemerkt.

Was ist ein Klammeraffe?

Das ist die Verpflichtung, den nächsten Schritt zu tun, damit eine Arbeit fortgeführt werden kann. Dieser Schritt kann klein sein, aber er ist der nächste, ohne ihn stoppt die Arbeit. An diesem Schritt, an dieser Aufgabe klammert er, der Affe.

Es handelt sich nicht nur um eine Aufgabe, die man aufschiebt oder nicht. Nein, von der Erledigung dieser Aufgabe hängt ab, ob andere Personen weiterarbeiten, nach diesem erforderlichen Schritt fortschreiten können. Davon hängt also ab, ob die Arbeit einen Fortschritt machen kann.

Der Klammeraffe sitzt demjenigen auf der Schulter, der arbeiten muss, damit andere weiterarbeiten können. Er symbolisiert übernommene Verantwortung.

Die Falle

Wenn jemand freiwillig Verantwortung übernimmt, ohne Druck von außen, ist er oder sie selbst schuld. Ätsch, bätsch? Im Grunde nicht. Die Leitungskraft im obigen Beispiel übernimmt die Verantwortung zwar ohne direkten Zwang. Aber freiwillig?

»Ich muss wissen, was meine Mitarbeiter machen« und »Problemlösung ist schließlich mein Job« sind die Begründungen, die zur Übernahme des Klammeraffen führen. Die Leitungskraft möchte ihre Arbeit gut ausführen. Wer möchte das nicht?

So lange der Klammeraffe unbemerkt und unbeabsichtigt übernommen wird, können wir darin eine weitere Variante der › Fehler und Fallen des Alltags erkennen:

Die Leitungskraft möchte ihre Aufgaben erfüllen und entscheidet spontan. Aber sie entscheidet falsch, weil sie zugunsten der einen Aufgabe nun andere Aufgaben fallen lässt – in unserem Beispiel den nächsten Termin. Sie entscheidet auch deshalb spontan falsch, weil das vorgetragene Problem unter den gegebenen Umständen nicht zu lösen ist.

Außerdem vergeudet die Leitungskraft kostbare Zeit. Anfangs – sie weiß ja noch nicht, was vorgetragen wird – möchte sie den Mitarbeiter nicht abweisen. Er hat ein Problem, und sie will es nicht nur kennen lernen, sondern auch dem Mitarbeiter helfen. Hilfsbereitschaft und Zugewandtheit zeichnen eine gute Leitungskraft im Allgemeinen aus, sind aber nicht in jeder Situation gefragt. Das eben ist die Falle: Man will Gutes erreichen und handelt sich – mindestens – einen unerwarteten negativen Effekt ein.

Keine Zeit, keine Zeit...

Wer anfällig für Klammeraffen ist, bekommt mit großer Wahrscheinlichkeit über kurz oder lang ein Problem. Es heißt – je nach Blickwinkel – »Überlastung« oder »Zeitknappheit«. Je mehr Aufgaben ich übernehme, bevor andere daran weiterarbeiten können, desto mehr belaste ich mich, desto mehr gerate ich unter Druck. »Keine Zeit, keine Zeit!« heißt es dann, doch wir alle haben das gleiche Zeitbudget. 24 Stunden am Tag. Wie wir sie füllen, können wir beeinflussen. Auch im Fall des Klammeraffen. Das Problem ist eben nicht die knappe Zeit, sondern es sind die viel zu vielen übernommenen Aufgaben.

Gutes Zeitmanagement berücksichtigt die Arbeitsgewohnheiten der Leitungskräfte und hilft, solche Fehler zu vermeiden. Doch wirksamer ist die Auseinandersetzung mit der Frage, warum man anfällig für den Klammeraffen ist.

Achtung: Risiko!

»Kommen Sie mir ja nicht persönlich!« Schon gut, schon gut... Doch warum nicht? »Let's get personal – I wanna hear the body talk«, sang, falls mich mein Gedächtnis nicht trügt, Madonna eindeutig zweideutig.

Nehmen Sie die gute Madonna einfach mal wörtlich! Hören Sie auf die Stimme Ihres Körpers. Wie belastet sind Sie? Woher kommt das? Tragen Klammeraffen dazu bei? Viele? Warum sind Sie anfällig für die Übernahme von Klammeraffen? Warum übernimmt jemand mehr Aufgaben, als er tragen kann? › Fallen und Fehler lassen wir als Erklärungsmuster jetzt mal beiseite.

Ein Motiv könnte sein, die eigene Belastbarkeit testen zu wollen und zu demonstrieren, wie viele verschiedenartige Aufgaben man zur gleichen Zeit erledigen kann. Gerät man außer Puste, hat man den eigenen Belastungstest nicht bestanden. Geht das Jonglieren mit zu vielen Bällen schief, gibt man zu erkennen, dass man seine Kräfte und Fähigkeiten nicht gut einschätzen kann. Die Übernahme zu vieler Aufgaben stellt sich demnach als risikoreich für die eigene Reputation heraus.

Ein zweites und vermutlich häufigeres Motiv liegt im Streben nach möglichst viel Verantwortung. Es ist jedoch so, dass nur derjenige wirklich Verantwortung übernehmen kann, der mit sich selbst verantwortlich

umgeht. Undiszipliniertes Streben nach Verantwortung ist demnach verantwortungslos.

Der wandelnde Affenfelsen

Warum will jemand mehr Verantwortung haben, als ihm gut tut? Vielleicht aus dem Trugschluss heraus, der da lautet: Wer viel Verantwortung hat, ist wichtig? Oder steckt das Streben nach Einfluss und Macht, nach Ansehen und Anerkennung dahinter?

Schon die Gleichsetzung »viele Aufgaben = viel Verantwortung = viel Einfluss« ist falsch. Wer versucht, sich unentbehrlich zu machen und die eigene Bedeutung dadurch zu erhöhen, dass er möglichst viele Aufgaben übernimmt, wird sehr bald das Gegenteil erreichen.

Es kommt doch eher darauf an, wenige wichtige Aufgaben gut zu erledigen, als viele unwichtige Aufgaben mangelhaft.

Anerkennung ist mit der Übernahme von Klammeraffen nicht dauerhaft zu erlangen. Wie viel Ansehen genießt schon ein Affenfelsen? Andererseits: Gibraltar ist eine Touristenattraktion...

Immer im Bilde?

Denkbar ist, dass Leitungspersonen Klammeraffen übernehmen, weil sie glauben, in einer Situation Verantwortung zu haben. Das war in der Geschichte von Kenneth Blanchard der Fall. »Ich muss schließlich wissen, was meine Mitarbeiter machen... Problemlösung ist schließlich mein Job«, hieß es da. In einem solchen Fall muss die Leitungsperson ihr Rollenverständnis überprüfen und zwischen Leitungsaufgaben und Leitungstätigkeiten unterscheiden lernen.

Denkbar ist auch, dass Leitungspersonen Klammeraffen übernehmen, weil sie nicht ertragen, dass Mitarbeiter selbstständig arbeiten. Sie ziehen Aufgaben oder Entscheidungssituationen an sich, um sich ihrer Wichtigkeit zu versichern. Oder sie wollen immer im Bilde sein, weil sie befürchten, es könnte etwas aus dem Ruder laufen.

Ungeachtet persönlicher Motive und Dispositionen bedeutet die Übernahme eines Klammeraffen, dass im Produktionsablauf ein Engpass geschaffen wird. Jeder Klammeraffe steht für eine mehr oder weniger wichtige Entscheidung, die gefällt werden muss, bevor die Arbeit weitergehen kann. Zu viele Klammeraffen können auch bedeuten, dass zu viel Nebensächliches entschieden werden muss, dass die falschen Personen entscheiden, dass Arbeitsschritte zu klein geplant sind und zu wenig Freiraum vorgesehen ist.

Letzte Kontrollinstanz

Sind Kompetenzen dezentral organisiert oder stauen sich alle Entscheidungen bei der Leitungskraft? Wann und wofür ist eine Leiterin wirklich wichtig?

Es ist notwendig, zu unterscheiden, wann der Klammeraffe einen Stau produziert und wann er, quasi als letzte Kontrollinstanz, seinen Platz einnehmen darf. Wenn wenig oder nichts vorangeht, sollten die Abläufe überdacht werden: Wer hat zu viele – und nicht unbedingt aufwändige – Arbeiten zu erledigen und hindert andere an der Weiterarbeit?

Übrigens muss es nicht ausschließlich die Leitungskraft sein, die von Klammeraffen heimgesucht wird...

L wie Leidbild

»Leider leiden Leiter«, stabreimte ein Teilnehmer meines Seminars »Gut leiten, ohne zu leiden«. Der Widerspruch grenzte an Majestätsbeleidigung, schien mindestens merkwürdig. Wollte der Mann denn leiden? Warum hatte er sich dann für dieses Seminar angemeldet? Wollte hier ein Leiter den Ober-Leiter korrigieren? Sollte ein heimlicher Konkurrenzkampf unter Leithähnen stattfinden? Vielleicht gar eine offene Attacke?

Ich nahm den Reim lieber als Selbstoffenbarung an. Schließlich lag es am Teilnehmer, für Abhilfe zu sorgen.

Allzumenschliche Mitarbeiterinnen

Mir ist kein Naturgesetz bekannt, das Leiter oder Leiterinnen zum Leiden verdammt. Niemand muss. Wer will, darf. Viele wollen. Sie wissen, dass als gute Leiterin, als guter Leiter nur gilt, wer leidet. Wer sich nichts anmerken lässt oder gar souverän leitet, ist den Mitarbeiterinnen und den Ober-Leiterinnen suspekt.

Da heißt es auf der Sachebene: Was tut die den ganzen Tag? Arbeitet sie richtig? Immer vorbereitet, keine gravierenden Fehler oder Versäumnisse, stets gute Ergebnisse?

Und auf der Gefühlsebene: Die ist so unheimlich ruhig, stets wohlüberlegt, irgendwie kalt wie Hundeschnauze, eigentlich geradezu unmenschlich.

Ist es die Befürchtung, dass eine in jeder Lage ruhig Blut bewahrende Leiterin nur eine in jeder Hinsicht gefühllose Person sein könnte, die ihren Mitarbeiterinnen Angst einjagt? Heißt das, die Mitarbeiterinnen lassen sich lieber von einer Leiterin mit so genannten menschlichen Schwächen in die Pfanne hauen als von einer professionellen Leiterin fördern? Das klingt unglaublich, ist aber verbreitet.

Was mag Mitarbeiterinnen dazu bewegen? Sie müssen sich nicht am vermeintlich Perfekten messen lassen. Sie sehnen sich nach Menschlichkeit, nach Wärme und trauern ihrer Kindheit nach. Sie lassen sich ein Schlupfloch und hoffen auf Gnade, falls ihnen ein Fehler unterläuft. Was immer es sei, sie übersehen, dass diese Leiterinnen – ganz menschlich – nur an sich denken, und ahnen nicht, dass die Hoffnung auf Nachsicht und echte Zuwendung im Konfliktfall vergeblich ist.

Trickreiche Leiderinnen

Da es hier um Leitung, um Leiterinnen und Leiter geht, will ich die Seite der Mitarbeiterinnen nicht weiter strapazieren. Das Pendant ist nicht weniger spannend.

Leiterinnen können die Disposition ihrer Mitarbeiterinnen für sich nutzen. Sie tun dies bewusst oder instinktiv, regelmäßig oder zufällig, absichtlich oder beiläufig und vor allem konsequent, wenn sie sich nicht unter Kontrolle haben. Das ist ja gerade die Voraussetzung, denn kontrollierte, professionelle Leiterinnen gelten als unmenschlich perfekt. Siehe oben.

Wer hingegen als Leiterin Anforderungen an qualifizierte Leitungsarbeit gerade so eben kennt und die nötigsten Abläufe knapp geregelt kriegt, ist fein raus, gesetzt den Fall, ein paar Regeln werden beherzigt:

- Leite nicht und erzähle überall, dass die Verwaltungs- und Organisationsarbeiten dir keine Zeit zum Leiten lassen.
- Leite nicht und erzähle überall, dass du darunter leidest. Vermeide Begründungen.
- Sollten sich dennoch geringe Erfolge einstellen, spare ihre Bekanntgabe bis zum letztmöglichen Zeitpunkt auf. Behaupte, sie seien das Maximum, das dem feuerspeienden Drachen, der vorgesetzten Dienstbehörde, dem geizigen Kämmerer oder ... (Bitte setzen Sie hier das für Sie Passende ein.) unter Einsatz des Lebens oder der Leber, jedenfalls unter größten Qualen abgerungen werden konnte.

Wer diese Regeln beachtet, braucht die Rolle der Leiterin nur zu spielen. Wer eine aufopferungsvoll leidende Leiterin gut darstellt, gilt bereits als gute Leiterin. Wem es gelingt, jede Situation zu vermeiden, in der Mitarbeiterinnen oder andere Menschen auf die Idee kommen könnten, dass das groß herausgestellte Ergebnis weder eine sonderlich beachtliche Leistung noch eine Besonderheit ist, kann die Hälfte des Erfolgs für sich verbuchen. Wer dann noch von den normalen Aufgaben des Leitens behauptet, es seien besondere Herausforderungen, hat die andere Hälfte beisammen. Irgendwann sind alle Mitarbeiterinnen mit dem geringsten Resultat zufrieden, vorausgesetzt, die Leiterin gibt sich zerknirscht, überlastet oder ausgelutscht und betont, dass zum eigenen Leidwesen nicht mehr möglich war. Leider, leider...

Showtime

Leider leiten Leiter. Doch so schlimm, wie sich das anhört, ist es nicht. Ein Bild des Leidens geben eher die jeweiligen Mitarbeiterinnen ab. Das Leidensbild der Leiter und Leiterinnen hingegen ist zur Schau gestellt. Sie bemühen sich um ihr Leidbild, weil sie Mitleid erheischen wollen. Wo ihnen dies gelingt, können sie froh sein. Denn wenn ihre Mitarbeiterinnen erst darauf achten, dass sich das Maß an Mitleid mit dem Aufwand an erkennbarem Leitungshandeln die Waage hält, dann wird es womöglich wirklich leidvoll...

L wie Lob

Lediglich um auszuschließen, dass sie übersehen wurde, greife ich eine Behauptung über das Lob noch einmal auf. Bei › F wie Fehler und Fallen steht der Satz: »Lob ist im Grunde eine zutiefst überhebliche Form der Zuwendung.« Lob entwürdigt, selbst wenn aus Anerkennung und Achtung gelobt wird.

Ist Lob entwürdigend?

Manager bekommen in Seminaren zu hören: »Sie müssen die Mitarbeiter motivieren. Sie müssen freundlich und zugewandt leiten. Sie müssen loben.« Folgsam loben fortgebildete Manager fortan: »Schön, dass Sie heute mal pünktlich sind.« »Ganz toll, wie Sie den Kunden abgebügelt haben, ohne dass er es gemerkt hat.« »Super, Ihr Geburtstagsbüfett, da essen wir drei Tage von.«

Gewissenhafte Manager loben gleich- und regelmäßig, nämlich alle Mitarbeiter (damit sich niemand übergangen fühlt) und im Turnus (damit sie es nicht vergessen). Ihr Lob ist ein › Ritual. Weniger gewissenhafte Manager loben mal und mal auch nicht. Ihr Lob ist Zufall oder Laune.

Weil ein Lob also abhängig vom Wohl oder Wehe des Vorgesetzten ist, weil es weder demokratisch legitimiert noch unter Gleichgestellten ausgesprochen wird und weil es nicht an objektiven Kriterien messbar ist, kann sich der Gelobte zwar gebauchpinselt fühlen, aber vielleicht nicht wirklich. War der Alte heute nur gut drauf? Stand »Lob verteilen« im Kalender? Warum bin ich heute gelobt worden und neulich nicht? Wenn mich heute das Lob trifft, ist es morgen der Zorn?

Warum wird trotzdem gelobt?

Vertrauen und Unbedachtheit auf Seiten der Lobenden, Vernachlässigung und Abhängigkeit bei den Gelobten verführen zu fortwährendem Loben.

Manager vertrauen falschen Ratgebern mit fatalen Folgen. Sie meinen es doch nur gut und denken nicht weiter. Sie merken nicht, dass sie einen Teufelskreis aufrechterhalten, der Mitarbeiter (und Unternehmen) nicht voranbringt. Sie spenden Lob wie andere Blut. Als lebensrettende Maßnahme ist das zu akzeptieren, auf Dauer bleiben Mitarbeiter am Tropf, können nicht selbständig arbeiten.

Mitarbeiter werden häufig sich selbst überlassen – solange nichts passiert. Aber es passiert etwas; sie verwahrlosen. Weil sie weder Anregung noch Anerkennung bekommen, schnappen sie das Lob wie ein Fisch den Wurm, doch der versteckt einen Haken namens Sucht und Abhängigkeit.

Weil der Mensch Liebe und Zuwendung braucht, um Mensch zu werden oder zu bleiben, und weil Lob mit Zuwendung und sogar mit Liebe verwechselt werden kann, ist der Mensch anfällig für Lob. Zuwendungsbedürftig gieren Mitarbeiter nach Lob, sie wollen geliebt werden.

Leitungskräften geht es nicht anders, auch sie brauchen Zuwendung. Die meisten wollen sogar geliebt werden. Aber weder Liebe noch Zuwendung können am Arbeitsplatz eingeklagt werden. Doch es gibt einen Trick, um wenigstens etwas zu bekommen. Der Trick heißt: Lob. Vorgesetzte loben, um irgendwann selbst gelobt zu werden. Sie loben, um geliebt zu werden.

Geht es ohne Lob?

Wir werden bereits in jungen Jahren auf Lob getrimmt und damit abgespeist. Im Entwurf zum baden-württembergischen Bildungsplan findet sich das folgende Beispiel:

Für eine Studie durften Kindergartenkinder malen. Der einen Gruppe von Kindern wurde eine Urkunde für schönes Malen in Aussicht gestellt, die alle Kinder tatsächlich erwarben. Der anderen Gruppe wurde keine Urkunde versprochen und auch keine überreicht. Es zeigte sich, dass die Kinder, die keine Urkunde bekamen, die sich also durch ihr eigenes Tun und ihr eigenes Produkt belohnt fühlten, auch später häufiger zu den Malstiften griffen.

Das Lob in Form einer Urkunde lenkte die Kinder ab von dem, was sie wollten. Lob ist geeignet, die intrinsische durch extrinsische Motivation zu ersetzen. Anstelle des inneren Antriebs aus Lust oder Interesse tritt der äußere Antrieb durch Belohnung oder Belobigung. Leitungskräfte, die abhängige Mitarbeiter antreiben wollen, brauchen nichts zu ändern. Leitungskräfte, die selbstständige Mitarbeiter wünschen, schon.

Ein demokratischer Führungsstil kann auf Lob verzichten. Er setzt auf Anerkennung. Anerkennung der Leistungen und Anerkennung der Mitarbeiter – beides hängt zusammen. Durch regelmäßiges Feedback merken Mitarbeiter, dass sie und ihre Arbeit wichtig sind. Sie sind es wert, dass man sich mit ihnen zusammen und auseinander setzt.

Anerkannt wird die Leistung: Was sollte erreicht werden, wie ist der Stand jetzt? Anerkannt wird die Arbeitskraft: Was wird (gut) gemacht, wo braucht es Unterstützung? Was kann der Vorgesetzte tun?

Die Regelmäßigkeit des Feedbacks bestimmt nicht der Kalender, sondern Arbeitsprozess und Absprache. Zeitpunkt und Inhalt des Feedbacks werden vorher geklärt; durch Transparenz wird der Prozess für beide Seiten einsichtig. Die Hierarchie kann nicht aufgehoben, wohl aber kontrolliert werden.

Doch Veränderungen sind schwierig. Manche Mitarbeiter sind so sehr an Lob gewöhnt, dass sie mit positiven Rückmeldungen (sachliche Anerkennung) nichts anzufangen wissen. Sie können andere Formen persönlicher Anerkennung nicht wahrnehmen oder trauen ihnen nicht. Darum sind gleitende Übergänge ebenso wichtig wie Selbstdisziplin der Leitungskräfte. Es ist verlockend, mal etwas Nettes zu sagen, um die Stimmung aufzulockern. Es ist verführerisch, etwas Artiges und Positives zu sagen. Wenn man nichts anderes über die Arbeit des Mitarbeiters weiß, scheint Lob besser als nichts zu sein.

M wie Mutti

Mysteriös ist die enorme Verbreitung dieser Spezies. Mamis, Mütterchen, Matronen Matrjoschkas – ohne Mutti geht scheinbar nichts. Unter den Leitungskräften in der sozialen Arbeit ist der Typ »Hausmütterchen« dominant vertreten und dominant wirksam. Als Herbergsmutter ist sogar die Domina inzwischen sozial integriert.

Welche Rolle spielen Muttationen für die Muttivation in sozialen Institutionen?

Das Merkmal der Muttis

Gleich, welches Erscheinungsbild und welches Auftreten – alle Muttis eint ein Merkmal: Sie sind jederzeit für »ihre Familie« da. Deshalb sind sie immer im Dienst, nicht nur dienstbereit. Sie sind von früh bis spät auf den Beinen. Sie reiben sich auf und rackern sich ab. Manche bekommen trotzdem nichts auf die Reihe und erst recht nichts gebacken. Andere schaffen viel, aber die Qualität bleibt unter den Möglichkeiten. Der Auf-

wand an Kraft und Zeit ist mit den Resultaten nicht zu rechtfertigen. »Keine Zeit, keine Zeit!« Der Hase bei Alice im Wunderland ist ein Waisenknabe gegen die Leitungsmuttis, die aber nicht davonlaufen, sondern sich gleich noch den nächsten Dienst aufhalsen.

Mit Zeitmanagement ist ihnen nicht beizukommen. 400 Sätze lang begründen sie, warum sie keine Zeit haben. Vier Wörter würden dafür reichen: »Ich will es so!« Und zur Bekräftigung noch mal vier: »Ich will nichts ändern.« Warum? Das Verhalten der Leitungsmuttis ist funktional. Sie sagen zwar, sie sorgten sich nur um..., und sie müssten schließlich immer für ... da sein, aber ihr Verhalten bietet zuerst ihnen Vorteile.

Wer kennt sie im privaten Rahmen nicht, die wohlmeinenden Mütter: ständig zur Stelle, alles wissen wollend, alles stets besser wissend, die Finger in jedem Teig, unfähig zur Trennung, Grenzen verwischend, voller stillschweigender Erwartungen? Wenn alles läuft, ist alles gut. Wenn nicht, sind sie beleidigt. Immer hoffen sie auf Anerkennung und klagen Dankbarkeit ein, aber niemals offen. Sie sind mindestens überlastet, aber meist am Rande der Verzweiflung oder des Zusammenbruchs.

Die mächtigen Opfer

Das gleiche Phänomen gibt es auch im professionellen Rahmen. Viel zu oft wird mütterliche Fürsorglichkeit als positive Eigenschaft der Leitungskraft herausgestellt. Doch taugen diejenigen als Vorbild für Professionalität, die sich stets für andere opfern? Die sich selbst vernachlässigen, weil sie sich angeblich um andere kümmern? Die für andere da sind, weil sie mit sich selbst nichts anzufangen wissen?

Schauen wir hin, wie Leitungsmuttis leiten und welche Vorteile sie daraus ziehen. Sie suchen sich selbst aus, was sie tun, was sie lassen – und dürfen trotzdem darüber stöhnen. Sie können sich als Opfer der Umstände darstellen – und bekommen Bestätigung oder Mitleid. Leitungsmuttis können ihrer Unberechenbarkeit frönen, sie bis zur Willkür ausreizen – und dürfen dies mit ihrer Spontaneität entschuldigen. Sie verteilen Zuwendung, entziehen sie wieder – und fühlen sich mächtig. Sie belohnen und bestrafen, greifen ein, wann immer es ihnen beliebt, dominieren alle und alles und sind doch die ewig Bedauernswerten, weil sie so aufopfernd agieren. Aber geopfert werden die (Kompetenzen der) Mitarbeiterinnen. Das nenne ich pervers, dass diese Frauen dann noch Mitleid mit den Leitungsmuttis haben, nicht aber mit sich. Angebrachter als Mitleid wäre womöglich sogar Angst, denn wie viele Menschen wurden schon durch »mütterliche Fürsorge« in den Wahnsinn getrieben?

Es gibt Leitungsmuttis, die zehren sich auf, und man sieht ihnen ihr Elend an. Es gibt aber auch Perlmuttis unter den Leitungskräften. Sie schillern. Gleichwohl versorgen sie ihre Zöglinge aus ihrer Substanz. Beide taugen nicht als Vorbilder, denn wo bleibt der verantwortliche Umgang mit (eigenen) Ressourcen, wo bleiben die professionelle Arbeitshaltung und -leistung, wo bleiben die Fähigkeiten zu reflektiertem Arbeiten und professioneller Distanz, von profanem Zeitmanagement ganz zu schweigen? Oder sollen am Ende die Erzieherinnen es ihren Leitungsmuttis gleich tun, damit auch die Kinder...?

Eine gute Mutter für lose Schrauben

Die genannten Vorteile wiegen schwer. Unwahrscheinlich, dass Leitungskräfte von ihrem Mutti-Sein abrücken. Können sie auf anderen, steinigeren und beschwerlicheren Wegen ebenso viele Vorteile gewinnen? Sie müssten Zutrauen zu ihren Mitarbeiterinnen haben und sie in ihrer Selbstständigkeit unterstützen. Sie müssten Entwicklungsprozesse initiieren und moderieren, nicht Sachbearbeiterin spielen. Sie müssten Mut machen zu eigenen Entscheidungen und Angst vor Fehlern mindern. Sie müssten Entscheidungskompetenzen respektieren. Sie dürften sich keine Sonderrechte herausnehmen. Sie dürften die Basis der Zusammenarbeit nicht von einer guten Beziehung abhängig machen, sondern müssten gute Beziehungen als Resultat guter Arbeit erkennen. Sie dürften kein Vertrauen voraussetzen, sondern müssten positive Erfahrungen ermöglichen, aus denen sich Vertrauen entwickeln kann. Sie dürften im professionellen Rahmen nichts tun, was schon die Familie vor Probleme stellt. Merke: Als Leitungskraft darf eine gute Mutter nur lose Schrauben sichern!

Falls ich jemandem zu nahe getreten bin, sorry, tut mir leid. Ich habe es nur gut gemeint; und nun bin ich wohl über mein Ziel hinaus geschossen. Ich wollte nur Ihr Bestes, damit ich Ihr Bester sein kann. Versteht mich denn niemand? Mamiii!

N wie Nein

Niemals nie zu sagen, dieses Vorhaben erledigt sich mühelos und fast wie von selbst – im Vergleich zu der Anstrengung, die es manche Menschen kostet, ein Nein gezielt und wirkungsvoll auszusprechen. Warum?

Manche Menschen wollen anderen helfen und muten sich mehr zu, als sie verkraften können. Andere denken, sie müssten helfen, weil ihre Aufgabe das verlange. Wieder andere fühlen sich zu unpassender Zeit zu einer Gegenleistung verpflichtet. Und dann gibt es diejenigen, die sowieso keine Bitte abschlagen können, denn sie wollen niemanden verletzen.

Nicht wenige denken, ein Nein sei unhöflich. Doch ist ein gelogenes Ja höflicher? »Und vergiss nicht: Wenn man dir etwas anbietet, darfst du nicht ablehnen!« Diese elterliche Ermahnung vor den Sonntagsnachmittagsbesuchen war ein Wegbereiter für die Nein-Phobie vieler Menschen.

»Nun gib Tante Erna doch ein Küsschen! Sie hat dich so lange nicht gesehen...« Die Abneigung und der Widerstand eines Kindes waren früher weniger wert als der Wunsch der Erwachsenen, kindliche Zuneigung zur Schau zu stellen. Kindliches Selbstgefühl und Selbstbewusstsein litten so sehr darunter, dass auch später so mancher Impuls der inneren Abwehr außer Kraft gesetzt blieb. Der Selbstschutz funktioniert nicht, wie er eigentlich soll.

Inzwischen sind diese Zusammenhänge erkannt. Kinder sollen stark gemacht werden gegen Verführung durch Erwachsene, Drogen und Manipulation. »Nein, nein, will nicht!« wird nicht länger als Trotz des Kindes abgewertet, sondern als Test der Sozialkompetenz des Erwachsenen klassifiziert.

Es lebe das Nein!

Ein Nein ist etwas Wichtiges. Obwohl es von manchen Leiterinnen häufiger ausgesprochen werden müsste, sollte es sorgsam eingesetzt werden, sonst bleiben die (Rück-)Fragen aus. Rechtzeitig ausgesprochen hilft es jedoch,

- glaubwürdig zu bleiben – oder zu werden;
- eigenes Selbstbewusstsein zu stärken (und das der Mitarbeiterinnen auch);
- Prioritäten zu setzen;
- zeitliche Freiräume zu gewinnen;
- und es bewahrt vor der Verlegenheit, Entschuldigungen suchen zu müssen.

Ein Nein ist ein Nein. Das Wort allein wirkt abweisend, behindert Kommunikation, demonstriert das augenblickliche Machtverhältnis. Wer Klarheit will, kann trotzdem Bereitschaft zur Verständigung zeigen. Folgt dem Nein eine Begründung – Nein, weil... Nein, nicht jetzt... –, wird ermöglicht, die ausgesprochene Position zu verstehen, und man kann sofort oder später darauf Bezug nehmen.

Wem die klare und begründete Absage dennoch zu konfrontativ ist, der kann andere Redewendungen verwenden. Wenn sie genauso verständlich und eindeutig sind, aber zusätzlich leichter von den Lippen gehen oder reibungsloser in die Ohren des Adressaten gelangen, ist überhaupt nichts dagegen einzuwenden. Vielleicht sagen Sie lieber:

- Ihr Anliegen kann ich jetzt nicht aufgreifen, weil... Aber wenn...

- Dafür bin ich nicht die richtige Ansprechpartnerin, sondern...
- Am besten wäre es, wenn Sie das so und so vorbereiten würden...

Eine Gefahr bei dieser Vorgehensweise ist, dass man leichter zu Ausreden greift oder dass die Begründungen als Ausreden angesehen werden. Dann leidet die eigene Glaubwürdigkeit. Darum sollte nur der tatsächliche Grund genannt werden. Oder keiner. Ebenso wichtig ist, eine Zusage, also das Ja, pünktlich und zuverlässig einzuhalten.

Klarheit siegt

Im Übrigen können Sie darauf vertrauen, dass Ihre Mitarbeiterinnen sich an Ihre Klarheit gewöhnen wie Kinder an die Eindeutigkeit der Eltern. Mit der Zeit lernen sie Ihre Klarheit zu schätzen, denn wichtiger und anerkannter als eine ständig zustimmende ist eine verlässliche Leiterin – im Ja wie im Nein.

Wie sagte Karl Valentin? Wenn man's kann, ist's keine Kunst. Darum üben wir jetzt mal: »Darf ich Ihnen von dem vorzüglichen Hammelaugenrisotto auftun?« Antworten Sie auf diese Frage ein wenig zu schroff mit »NEIIIN!!!«, sollten wir eine weitere Übung in Betracht ziehen. »Mögen Sie ein Stückchen von der Krötenwarzensülze?« Ihre Antwort könnte in etwa lauten: »Vielen Dank, ich habe gerade ein Praliné mit kandierter Pfauenzunge probiert. Beides passt leider nicht zusammen. Wie schade...«

Sehen Sie, es kann gelingen. Bis dahin üben Sie jeden Tag einmal »Nee, nö, nej, njet, non, no, nein!«, denn Sie wissen wie Marie von Ebner-Eschenbach: »So mancher meint, ein gutes Herz zu haben und hat nur schwache Nerven.«

O wie Ordnung

»Order! Order! Order!« schallt es durch das englische Parlament, wenn Unordnung herrscht und alle durcheinander schreien. »Order!« soll die Ordnung wieder herstellen, das wird aus dem Zusammenhang klar. Doch »order« bedeutet im Englischen auch »Orden« im Sinne einer Vereinigung und »Befehl« im Sinne von »es ergeht die Order«. Ein abgemilderter Befehl ist eine Bestellung. Man ordert etwas – das Verb »to order« steht dafür parat. Ja, sprachliche Gemeinsamkeiten zwischen Deutschem und Englischem drängen sich auf und bauen mir eine Eselsbrücke zum Thema.

Die Über-Ordnung

Jeder Mönchs-, Ritter- oder Karnevalsorden hat seine eigene Ordnung. Zwar ähneln sie einander, doch sind sie auch absichtsvoll verschieden. Eine gemeinsame Ordnung und gemeinsame Regeln drücken gemeinsame Interessen und eine gemeinsame Identität derjenigen aus, die sich zusammengefunden haben. Die Beteiligten geben sich eine Ordnung oder nehmen sie an und fügen sich ein. So liegt die Ordnung im überindividuellen Interesse, obgleich das Ordnungsempfinden völlig individuell ist.

Genau in diesem Widerspruch liegt eine große Chance. Unfruchtbar ist es, die kreative Sockenplatzierung des einen Lebenspartners gegen die penible Sortiererei von Schokoladentafeln nach Mindesthaltbarkeitsdatum aufzurechnen, die der andere Lebenspartner betreibt. Unfruchtbar bleibt auch der beliebte Schlagabtausch zwischen »Genie liebt Chaos, Kleingeister brauchen Ordnung« und »Halte dich an die Ordnung, so hält die Ordnung dich«. Statt einander mit unterschiedlichen Ordnungsvorstellungen zu nerven, sollte man sich auf wenige wichtige Ordnungsregeln verständigen, die entlasten, entspannen und den Beteiligten die Gewissheit bringen, dass das Wenige wirklich klappt.

Die Leitungs-Ordnung

Absolut konfliktverschärfend und daher unzulässig ist die Gleichsetzung von Ordnung mit Sauberkeit. Es gibt beispielsweise völlig chaotische Schreibtische, jedoch mit sauberen Unterlagen, und Regale, auf denen der Staub zentimeterhoch, aber ordentlich, auf Dutzenden von Ordnern liegt.

Lernt uns das was für die Kita? Nun, hoffentlich. Wenn das Ordnungsempfinden individuell verschieden ist, steht unordentlich eine Frage im Raum: Wessen Ordnungsempfinden und wessen Ordnung setzt sich in der Kita durch? Vermutlich ist es letztlich die Ordnung der Leiterin, aber – noch eine große Chance – wie das geschieht, kann dem jeweiligen Konzept entsprechend gestaltet werden. Demokratie to be oder not to be, das ist die Frage allhier, denn als Schneewittchen hinter den sieben Bergen ist die Demokratie-Prinzessin zwar tausendmal verlockender als die Bestimmer-Königin, doch sooo schlecht fährt man auch mit der nicht.

Die praktische Ordnung

Das Ordnungsempfinden ist individuell. Deshalb muss in einer Gemeinschaft – einem Betrieb, einer Organisation, einer Vereinigung – eine Ordnung gefunden werden, die allen dient, weil sie allen nutzt, von allen durchschaut und angewandt werden kann. Die ausgeklügeltste Ordnung der Büroorganisation nutzt nichts, wenn nur die Leiterin sie kennt oder versteht.

Eine erfahrene Leiterin findet sich in jedem Ordnungssystem zurecht, schon allein deshalb, weil sie diejenige ist, die am häufigsten damit umgeht. Sie weiß allerdings genau aus diesem Grund, dass das Ordnungssystem ihre Mitarbeiterinnen unterstützen soll, wenn sie, die Leiterin, nicht anwesend ist. In diesem Fall fällt ja nicht nur ihre Arbeitskraft, sondern sie auch als Expertin für Koordinationstätigkeit aus. Das heißt, die Mitarbeiterinnen müssen mehr als sonst arbeiten und sich außerdem in einem eher fremden Arbeitsgebiet an einem anderen Arbeitsplatz zurechtfinden. Mit einem guten Ordnungssystem schaffen sie das und meistern die Situation. Voraussetzung ist, dass die Mitarbeiterinnen das System verstehen und damit umgehen können. Nur auf den praktischen Nutzen kommt es an, nicht auf eine abstrakte, in sich schlüssige Ordnung. Deshalb reicht es zunächst, dass die Stellvertreterin sich zurechtfindet.

Der Papierkorb

Die erfahrene Leiterin beugt einer Belastung der Mitarbeiterinnen vor. Sie sammelt nichts. Die beste Ablage ist der Papierkorb. »Weg damit!« ist im Zweifel immer besser als »Wohin damit?« Was man nicht hat, braucht man nicht zu sortieren. Und im Archiv wird erfahrungsgemäß nur selten geblättert. Das Meiste wird später nicht noch mal gelesen, denn entweder wird es nicht mehr gebraucht, oder es wird zum passenden Zeitpunkt nicht gefunden. Nur Weniges muss unbedingt für alle geordnet sein. Dieses Wenige hat es aber gerade darum in sich. Jede Leiterin ordnet und klärt

- die Arbeitsgebiete und Zuständigkeiten, sowohl in den Abgrenzungen zueinander als auch in den Überschneidungen;
- die Entscheidungsstrukturen, und zwar verlässlich, damit sie nicht bei › G wie Gelegenheit zurechtgebogen werden;
- die Kommunikationsstrukturen. Wichtige › Informationen müssen zielgerichtet und zeitgerecht ankommen. Das heißt praktisch und ganz einfach, dass auf Info-Tafeln nur aktuelle, terminierte Informationen aushängen, die regelmäßig kontrolliert und aussortiert werden.

In Ordnung?

P wie Partnerschaft

Pardon. Schon wieder eine Bitte um Entschuldigung, doch diesmal gleich zu Beginn, nicht erst am Ende wie bei › M wie Mutti. Es handelt sich hier nämlich um mein aktuelles Reizthema, und es kann geschehen, dass der notwendige Ernst bei der Behandlung von »Partnerschaft« in Zorn übergeht.

Ein Beschwörungsritual

Mich stört, dass allenthalben zu lesen ist: Eltern und Erzieherinnen sind Partner bei der Erziehung. Das sehe ich anders. Eltern und Erzieherinnen können sicherlich Partner werden. Es ist vermutlich sogar sinnvoll, dies anzustreben. Doch in der Bundesrepublik Deutschland sind Eltern und Erzieherinnen keine Partner – von wenigen Ausnahmen abgesehen.

Warum es trotzdem behauptet wird, weiß ich nicht. Es erinnert mich an ein Beschwörungsritual. Die Autorinnen und Autoren tanzen um eine goldene Kuh und skandieren: »Partnerschaft, Partnerschaft!«, bis sie irgendwann dran glauben. Andere laufen voller Angst allein durch einen Wald und pfeifen dabei das Lied von der Partnerschaft, damit sie sich besser fühlen. Wieder andere pfeifen auf eigene Anstrengung. Sie versuchen, Partnerschaft herbeizuschreiben oder hängen sich bloß an ein modisches Thema.

Das alles nutzt nichts. Der Grund ist einfach: Um Partnerschaft zu erreichen und zu erhalten, muss man hart und kontinuierlich arbeiten. Dies umso mehr, je schlechter die Voraussetzungen sind. Und die sind bei uns grottenschlecht. In keinem Bundesland entsprechen die gesetzlichen Rechte der Eltern in den Kindertageseinrichtungen ihrem Status als alleinige Erziehungsverantwortliche. Sie werden mit Allgemeinplätzen abgespeist und sollen sich in Gremienarbeit beschäftigen. Verbriefte Entscheidungsrechte? Fehlanzeige!

Es geht nur um das Kind

Um einem Missverständnis vorzubeugen: Qualitativ gute Pädagogik in den Einrichtungen hängt nicht davon ab, ob Eltern über das Budget und die Auswahl der Erzieherinnen ihrer Kinder mitbestimmen. Nur sollte dann auch nicht von Partnerschaft gesprochen werden. Partner agieren auf der Grundlage prinzipiell gleicher Rechte. Dazu zwei Beispiele, in denen die Professionellen kurioserweise Partnerschaft propagieren:

Beispiel 1
Erzieherinnen in Kindertageseinrichtungen müssen

Eltern umfassend über die Entwicklung des Kindes informieren. Umgekehrt gilt dieser Satz nicht. Das ist, sehr komprimiert, die rechtliche Basis der Zusammenarbeit von Eltern und Erzieherinnen.

Von Partnerschaft kann gesprochen werden, wenn Eltern der Erzieherin ohne Scheu Informationen über das Verhalten des Kindes zu Hause geben. Das Ziel wäre (in einem Punkt) erreicht und die rechtliche Ausgangslage freiwillig überwunden.
Um diesen Prozess zu beschleunigen, kommen manche Pädagoginnen auf die Idee, den Eltern Informationen vorzuenthalten. Sie verschweigen ihnen ihre Rechte und fordern stattdessen: »Eltern und Erzieherinnen müssen sich gegenseitig informieren.«

Was ist daran bemerkenswert? Ein Ziel (Partnerschaft/Information) wird von einem der »Partner« zur Bedingung für den anderen gemacht, sogar zu einer nicht gesetzkonformen Anforderung.

Ein Fall von Partnerschaft? Wohl kaum. Aber es geht doch nur um das Kind, nicht wahr?

Beispiel 2
Eine Grundschullehrerin setzt den Termin für das jährliche Entwicklungsgespräch über ein Kind für 13.00 Uhr an. Es ist bekannt, dass beide Eltern arbeiten. Die Mutter kann es trotzdem einrichten, teilzunehmen. Dazu koordiniert sie auf ihrer Arbeitsstelle mehrere Personen. Am Tag zuvor sagt die Lehrerin ab und gibt einen Ersatztermin vor, nunmehr nachmittags, aber wieder in der Arbeitszeit der Eltern.

Was ist daran bemerkenswert? Ein »Partner« dominiert den anderen durch einseitige Terminsetzungen. Absprachen sind nicht vorgesehen. Selbstverständlich müssen die Eltern sich auf den Weg in die Schule begeben; nicht mal als Angebot wird unterbreitet, ihnen entgegenzukommen – als kleinen Ausgleich für den abgesagten Termin oder einfach nur aus Höflichkeit. Flexibilität der Eltern wird vorausgesetzt, egal, wie viele Personen betroffen sind, die ebenfalls sich neu einpassen müssen. Die Lehrerin in diesem Beispiel kümmert sich nicht um die Situation der Eltern, seien sie als Busfahrer, als Zahnärztin, in der Automobilindustrie oder als Erzieherin berufstätig.

Ein Fall von Partnerschaft? Wohl kaum. Aber es geht doch nur um das Kind, nicht wahr?

Resultat: Ein schlechtes Gewissen

Wer unter den gegebenen Rahmenbedingungen von einer partnerschaftlichen Beziehung zwischen Eltern und Pädagoginnen spricht, vertritt bloß einen moralischen Anspruch: »Fühlt euch als Partner und verhaltet euch so!« Das hilft zwar in der Sache nicht weiter und trägt auch nicht zu besserer Praxis bei, aber es schafft etwas. Nämlich ein schlechtes Gewissen bei allen Eltern und Erzieherinnen, die sich bemühen, aber dem Anspruch an Partnerschaft trotzdem nicht genügen. Wer ein schlechtes Gewissen hat, ist abgelenkt und belastet, kommt jedenfalls nicht einfach auf die Idee, dass die Ursachen für das eigene »Versagen« ganz woanders liegen können.

Leiterinnen, aufgepasst! Wer Ihnen und Ihren Mitarbeiterinnen Partnerschaft mit Eltern als Ziel vorgeben will, muss die Etappen dahin benennen können. Unbillige Forderungen an andere und Bedingungen für andere führen in die Irre.

P wie Peter Gogik

Passen Sie bitte gut auf Ihren besten Mitarbeiter auf! Ohne ihn läuft in Kitas rein gar nichts. Das P wie Problem mit ihm ist jedoch, dass er liebend gern ein Z wie Zwickmühle aufbaut, woraufhin Sie, die Leiterin, sich unversehens in einer › Falle wiederfinden. Trotzdem setzen Sie › Vertrauen in die Kompetenz dieses Mitarbeiters. Sie bauen buchstäblich auf ihn, denn: Keine Einrichtung ohne die Grundlage eines petergogischen Konzepts.

Übereinkünfte nach Peter Gogik

Die nach Peter Gogik benannte Fachdisziplin basiert auf bestimmten Übereinkünften zwischen Erwachsenen. Diese Übereinkünfte müssen nicht vernünftig sein. Sie können gegen jede Erfahrung getroffen werden. Wichtig ist, dass alle daran glauben.

Damit alle daran glauben können, werden

- die eigenen Erfahrungen mit Peter Gogik (höchstpersönlich selbst) oder Petergogik (die Methoden des Meisters) vergessen und
- Menschen beschäftigt, die entsprechende Erklärungen erfinden. Sie schaffen angeblich Wissen. In Wirklichkeit handelt es sich um Erklärungsversuche. Zugegebenermaßen klingt die Berufsbezeichnung »Wissenschaftler« aber besser als der Titel »Erklärungsversucher«.

Eine der grundlegenden Übereinkünfte ist die, dass Kinder von einem bestimmten Alter an – über welches, wird gestritten – von ihren gewohnten Lebensbezügen separiert werden müssen. Zu ihrem Wohl werden sie getrennt von vertrauten Bezugspersonen, gleich welchen Alters (erwachsen oder heranwachsend, das macht keinen Unterschied), von anderen liebgewonnenen Lebewesen, von den bekannten Aktivitäten und Abläufen des Alltags, von notwendigen Tätigkeiten und gewohnten Gegenständen, kurz: von allem, was bis dahin in ihrer Umwelt »gegeben« war und womit sie enge Beziehungen aufgebaut hatten.

Elemente der Petergogik

Zum Zweck der zeitlich befristeten Trennung von den bisherigen Lebensbezügen und als Ersatz für den bekannten Rahmen werden die Kinder tagsüber in besonderen Institutionen versammelt. Kennzeichen dieser Institutionen ist, dass sie all der vorgenannten Elemente entbehren oder ihnen bestenfalls nur kontrolliert, eingeschränkt oder modifiziert Einlass gewähren. Lassen Sie mich einige Beispiele anführen:

- In jeder dieser Institutionen gibt es Erwachsene. Das sind jedoch keine normalen Menschen wie Sie und ich, sondern es ist eine spezielle Gruppierung, eine Auswahl, eine Elite, und insofern sind sie alle gleich. Sie gehören zu den so genannten Petergogen. Andere Personen sind nur mehr oder weniger zufällig dort anzutreffen. Ist das der Fall, müssen sie sich zumindest annähernd petergogisch verhalten.
- Angeblich darf jedes Kind eine Beziehung zu einem Petergogen aufbauen. Tatsächlich aber muss jedes Kind mindestens zu einem Petergogen eine Beziehung herstellen, sonst gilt es als beziehungsgestört. Auch muss die Beziehung in einer bestimmten, als angemessen definierten Weise hergestellt werden. Ein Kind von acht Jahren etwa muss gelernt haben, dass es in der einen Institution zu seiner Petergogin »Frau« und »Sie« sagt, in der anderen Institution aber »Susi« und »Du«. Jedes Kind muss lernen, sich entsprechend solcher Regeln zu verhalten; es soll Normen und Grenzen kennen lernen. Eine aktive, gar eigenständige Gestaltung der Beziehung ist nicht vorgesehen. Jedes Kind muss die Beziehungsschablone der Institution übernehmen.
- Beziehungen zu gleichartigen Insassen (zu einer so genannten Kindergruppe zusammengefasst) sind ebenfalls nur kontrolliert sowie in bestimmten Bahnen und Formen zugelassen. Es gibt Einschränkungen durch die Auswahl der hineingelassenen Kinder, durch Auflagen für die Intensität der Beziehungen, ihren zeitlichen Umfang u.a.m.

Besonders deutlich können die Prinzipien der Separierung von den gewohnten Lebensbezügen an den Elementen dargestellt werden, die es in der Institution nicht gibt, die jedoch aufgrund weiterer Übereinkünfte zwischen Erwachsenen kennen gelernt werden sollen. Petergogisch ausgedrückt: Die Kinder sollen lebensnah lernen, sie sollen etwas fürs Leben lernen, sie sollen aufs Leben vorbereitet werden.
Merkwürdig – leben diese Kinder nicht bereits?

Das petergogische Etwas, separiert

Lassen Sie mich zum Prinzip der Separierung zurückkehren. Typischerweise muss das in der Institution nicht vorhandene Etwas eine Zensur passieren, bevor es für den Gebrauch in der Institution zugelassen wird. Das Etwas wird zu diesem Zweck petergogisch bearbeitet und seiner Komplexität zu beraubt. Heißt das Etwas zum Beispiel »Tiere der Wildnis«, zerlegt der Petergoge es in winzige Stückchen und präsentiert sie den Kindern nach einem nur ihm bekannten Muster oder Plan. Dann ähneln die Kinder den Löwen im Zoo; die bekommen auch nur abgewogene Häppchen, keine ganze Antilope.

Wie in der zoologischen Institution entscheidet der erwachsene Wärter in der petergogischen Institution über den Zuteilungsmodus. Nur ihm erschließt sich der Sinn der Reihenfolge und der Häufigkeit der Häppchen. Der Aufseher hat die Macht und will sie behalten.

Das petergogische Etwas, reduziert

Eine zweite Variante gestattet es, ein kompliziertes petergogisches Etwas vereinfacht darzustellen. Die Kinder werden nicht mit einem Gegenstand oder Thema konfrontiert, sondern mit einer fast primitiven, quasi symbolischen Abbildung. Der Petergoge kennt die Realität, bietet den Kindern aber nur ein Modell als Ersatz für das Echte.

Von den Kindern wird der Umgang mit der Abstraktion verlangt, bevor sie die Realität erfahren, obwohl Psüpsologen erklären, dass das Greifen vor dem Begreifen kommen muss. Da die Kinder in einer Leistungsgesellschaft leben, werden ihnen mehrere Leistungen zugleich abgefordert: das Verstehen eines Gegenstandes, das Erkennen dieses Gegenstandes als Symbol, das Erkennen dessen, was dieses Symbol von der Realität unterscheidet, und die Realität, obwohl sie unsichtbar bleibt.

Zugegeben, ein gewisse Herausforderung. Aber Kinder sind ja nicht doof geboren, sie werden nur...

Die petergogische Motivation

Genau dafür gibt es bewährte Verfahren, darunter die erwähnte Separierung. In verschärfter Form kann sie zu fast vollständiger Isolation führen. Die Einrichtung genügt sich selbst.

Darüber hinaus wird den Kindern fast jede Eigenaktivität verboten. Nachdem ihnen die selbsttätige Aneignung hochkomplexer ganzheitlicher Lebenszusammenhänge nach eigenem Rhythmus, eigenem Interesse, eigenen Wahrnehmungs- und Verarbeitungsmustern verwehrt wurde – häufig mit Hinweis auf ihr Wohl und ohnehin zu ihrem Schutz, in ihrem schutzwürdigen Interesse –, stellt sich bei ihnen eine Art Absence her, auch Langeweile genannt.

Nun schlägt die Stunde der Aktivität für Peter Gogik und seine Anhänger. Sie zaubern ein Substitut herbei und machen es den Kindern schmackhaft. Peter Gogik motiviert Kinder. Er sagt, dass das Substitut viel besser sei als das Original. Wenn es ihm passt, verschweigt er sogar, dass es Originale gibt. Peter Gogik beraubt die Kinder wichtiger Bezüge, er versorgt sie mit gefilterten Informationen, lenkt die Kinder ab von ihren Interessen und leitet sie um. In die Irre.

Nur annähernd anschaulich ist dies Verfahren durch folgendes Beispiel zu beschreiben: Stellen Sie sich bitte eine dreistöckige Geburtstagstorte vor. Das Geburtstagskind bekommt sie nicht zu sehen. Ihm wird stattdessen ein Kostehäppchen aller verwendeten Materialien zugeteilt, etwas Biskuit, etwas Mürbeteig, ein Klacks Sahne, Marzipan, Creme, Dekoteile etc. Peter Gogik bittet das Kind, von allem hübsch nacheinander zu kosten und sich danach den Gesamtgeschmack und das Aussehen der Torte kreativ vorzustellen. Nunmehr wird das Kind aufgefordert, diese Idee zu malen und anschließend zu beschreiben, wie seine Feier sich verändern würde, wenn jemand die Torte hereintrüge.

Weil das Geburtstagskind seine Augen, seine Ohren, seine Zunge und seinen Verstand benutzt hat, kann Peter Gogik das Verfahren gemäß der Übereinkünfte als ganzheitlich deklarieren, unabhängig davon, was es für das Kind tatsächlich bedeutet.

Offene geschlechtsunspezifische Fragen

Was für das einzelne Kind gilt, ist auch allgemein zu beobachten. Ober-Petergogen zerlegen komplexe Bildungszusammenhänge und fordern hier noch ein wenig Sprachschulung, da noch ein wenig mathematisch-naturwissenschaftliche Grundbildung. Die Elementarkenntnisse in Gesundheitserziehung und Prävention wurzeln ohnehin im Elementarbereich, das sagt schon der Name.

Unter-Petergogen haben es schwerer. Dürfen sie sagen, dass sie gewisse Widersprüche zwischen Anspruch und Wirklichkeit bemerken? Müssen sie Einzelinteressen bedienen, um an zusätzliche Ressourcen zu gelangen? Gelten sie als unmodern und bei Eltern unattraktiv, wenn sie aktuelle, aber falsche Trends ignorieren?

Nun muss sich die Leiterin spätestens outen: Was kommt in ihr petergogisches Konzept? Und was kommt nicht in die Tüte?

Dieses Problem ist entgegen landläufiger Meinung kein geschlechtsspezifisches. Im Rahmen von Gender-Mainstreaming sollte die Tatsache nicht verschwiegen werden, dass Peter Gogiks Schwester Petra seinem Konzept treulich folgt. Nur Petra Silie schlägt leicht aus der Art.

Q wie Quasselstrippe

Quälend langsam verrinnen Tage, an denen ein Anruf der geliebten Person nur ersehnt werden kann. Weder ist sicher, ob sie die nötige Initiative ergreifen wird, noch liegt es in der Macht des Gequälten, die telefonische Verbindung herzustellen. Jedes Klingeln vertieft die Qual. Ist es eine Fanfare der Hoffnung oder des Zweifels? Wurde der Sehnende vergessen? War er wieder weniger wichtig als anderes?

Und nun auch noch dieser Bagatellanruf! Was ist, wenn gerade jetzt... Dann ist die Leitung besetzt.

Zweierlei Leitungen

Im Berufsleben ist es mitunter ähnlich: Unnütz lange Zeit wartet man auf eine wichtige Information. Etwas anderes anzufangen lohnt nicht. Man ist abgelenkt. Die Arbeit stockt.

Weit häufiger aber quält einen die Vielzahl der Anrufe. Fortwährend stört der Klingelton. Oder er mahnt: »Geh ran! Unterbrich, was du tust! Alles andere soll warten...« Wenn dann am anderen Ende der Leitung eine Quasseltante sitzt...

Am anderen Ende der Leitung? Zu Füßen der Leiterin, ihr gegenüber? Mit einer Leitung durch eine andere Leitung verbunden? Die eine leitet Gespräche, die andere ihre Einrichtung? Nein, das passt selten zusammen. Die Telefonleitung erfüllt mit jedem Wort, das hin und her fließt, ihren Zweck. Die Kita-Leitung verstopft, wenn eine Quasseltante der Leiterin im Ohr liegt.

Eine Leiterin muss nicht nur zuhören können, sondern auch Informationen filtern. Sie muss den Gebrauch der Telefonleitung und dadurch die Quasseltante einschränken. Obwohl dazu ein einfacher Knopfdruck genügt, gilt solch eine einseitige Aktion als unschicklich und hinderlich für zukünftige Gespräche. Deshalb sollte man vorher überlegen...

Telefonzeiten

Kommunikationstheoretisch handelt es sich beim Telefongespräch um eine Zweiwegkommunikation. Worte wechseln hin und her. Beide Gesprächsteilnehmer oder -partner (› P wie Partnerschaft) beeinflussen den Gesprächsverlauf. Beide dürfen das Ende herbeiführen. Also muss die Leiterin abwägen, ob sie noch leitet oder selbst schon zur Quasseltante mutiert. Diese Rolle steht ihr während der Arbeitszeit nicht zu.

Eine Leiterin soll ihre Zeit für Wichtiges und Richtiges aufwenden. Sie soll effektiv und effizient telefonieren. Sie soll erkennen, wann wie viel Konversation nötig ist, und Sozialkompetenz beweisen. Wenn sie nicht unterscheidet, wann Gespräche ineffektiv werden, beweist sie Inkompetenz.

Als Leiterin macht sie ihren speziellen Einfluss – ob sie will oder nicht – in jeder Situation geltend. Sie kann auch sich selbst beeinflussen und sich fragen:

- Ist es möglich, Telefonzeiten wenigstens für eigene Anrufe zu bündeln?
- Kann ich telefonfreie Zeiten organisieren?
- Was sind geeignete Zeitspannen dafür?

Telefonieren lernen

Jede Leiterin kann sich unterschiedlich verhalten – je nachdem, ob sie selbst anruft oder angerufen wird. Will sie zielgerichtet telefonieren, ist es nützlich, wenn sie vor selbst initiierten Anrufen bedenkt:

- Muss ich diesen Anruf (selbst) tätigen?
- Wenn ja: Was will ich erreichen oder erledigen?
- Habe ich meine Argumentation vorbereitet, bevor ich zum Hörer greife?
- Welche Punkte sollte ich gleich zu Beginn erwähnen, weil ich sie unbedingt ansprechen möchte?
- Habe ich alle nötigen Unterlagen zur Hand, Papier und Bleistift für Notizen und die Zusammenfassung nach dem Gespräch?
- Welche Tätigkeiten oder Arbeiten folgen aus dem Gespräch?

Bei eingehenden Anrufen sollte sich die Leiterin vergewissern:

- Muss ich diesen Anruf jetzt selbst entgegen nehmen?
- Ist es günstiger, um einen neuen Gesprächstermin zu bitten, weil ich mich erst vorbereiten will?
- Habe ich Papier und Bleistift für Notizen und die Gesprächszusammenfassung zur Hand?
- Welche Tätigkeiten oder Arbeiten folgen aus dem Gespräch?

Jenseits von Gesprächsvorbereitung und -technik gilt: Quasseltante ist, wer viel und unnötig telefoniert. Zum Quatschkopf aber wird, wer ein verabredetes Gespräch mit einer Besucherin oder Mitarbeiterin unterbricht und sie warten lässt, nur weil das Telefon klingelt. Warum genießt jemand, der sich durch Klingeln erst ankündigt, mehr Priorität als jemand, der oder die bereits gegenübersitzt? Zum Quatschkopf macht sich, wer seine Mitarbeiterinnen um die private Handy-Nummern bittet und sein privates Telefon uneingeschränkt für dienstliche Anrufe freigibt. Vermeiden Sie das, es ist Ihr Recht!

R wie Rituale

Rituale sind wiederkehrende Aktionen, die dem gleichen Schema folgen, häufig an einen bestimmten Zeitpunkt gebunden sind und immer ähnlich lange oder kurz dauern. Rituale sind standardisierte Handlungsabläufe.

Ein Ritual kann so alltäglich sein, dass es kaum noch erkannt wird. Es kann aber auch so fest im Alltag verankert sein, dass sein Ausbleiben beunruhigt. Ein anderes Ritual kann so außergewöhnlich und hervorgehoben sein, dass es nur zu besonderen Anlässen wie Feiertagen, Jubiläen oder Begräbnissen zelebriert wird.

Rituale strukturieren Abläufe, Zeit und Beziehungen. Durch ihre innere Geschlossenheit, also dadurch, dass sie eigenständigen Regeln folgen und letztlich für sich stehen, entlasten sie diejenigen, die teilnehmen, von eigenen Entscheidungen – sieht man von der Grundsatzentscheidung ab, sich einem Ritual zu unterwerfen oder es selbst zu initiieren.

Rituale lösen Probleme für die Gemeinschaft und für den Einzelnen. Zuverlässige Wiederholung gibt Sicherheit – jeder weiß, was als nächstes kommt – und stärkt das Zusammengehörigkeitsgefühl, wirkt integrierend, weil sie angemessenes Verhalten erleichtert und Menschen hilft, sich internen Regeln anzupassen. Das ist die sozialisierende Wirkung von Ritualen.

Erkennbare und versteckte Rituale

In Kindertageseinrichtungen wird häufig über die Notwendigkeit von Ritualen für die Sozialisation von Kindern gesprochen, aber zu selten über die Gültigkeit der obigen Aussagen für die Gemeinschaft der Erwachsenen. Auch sie haben offensichtliche und versteckte, gewünschte und nervende, nützliche und kontraproduktive Rituale.

Einige Beispiele für deutlich erkennbare Rituale der Erwachsenen im Alltag der Kita: die Form der Begrüßung und Verabschiedung, der allmorgendliche Rundgang der Leiterin, die Rauchpause nach der Beschäftigung – und vor der Einrichtung.

Einige Beispiele, für die es Rituale in Form von Höhe-

punkten gibt: die Einführung oder Verabschiedung einer Kollegin, das Bestehen des Anerkennungsjahrs, die Weihnachtsfeier. Irgendwo dazwischen rangieren Geburtstagsfeiern, Urlaubsantritte und Leistungsbeurteilungen.

Weniger deutlich erkennbar, weil häufig durch Gewöhnung und Gewohnheit überlagert, sind Rituale in Arbeitsbesprechungen – zum Beispiel der Ablauf, die Protokollführung oder Sitzordnung –, bei der Einführung von Neuerungen – man denke an Abstimmungen und die Konstitution von Widerstand – und bei Rollenzuschreibungen oder Rollenausführungen.

Wenn es oben hieß, Rituale lösen Probleme für die Gemeinschaft und für den Einzelnen in ihr, dann ist damit weder gesagt, dass es aktuell die »richtigen« Probleme sind, noch, dass die Probleme fortbestehen müssen. Rituale können länger leben als der Grund ihres Ursprungs. Darum sollten sie von Zeit zu Zeit überprüft werden.

Rituale, Chaos und Ordnung

Jede Organisation braucht Chaos und Ordnung. Leiterinnen müssen für einen beständigen Ausgleich zwischen chaotischen und ordnenden Momenten sorgen, damit ihr System stabil bleibt. Rituale können der Organisation und den Menschen in ihr Verlässlichkeit, Stabilität und Halt geben. Sie können stabilisierend wirken, wenn in der Organisation ein hohes Maß an Eigeninitiative und Verantwortung erwartet wird oder wenn ein hohes Maß an Entfremdung herrscht.

In Organisationen allerdings, die überreglementiert sind oder in denen sich Stabilität in Starre verwandelt hat, wird das überlebensnotwendige chaotische Moment durch jedes einzelne Ritual erdrückt. Sind beispielsweise die Abläufe in der Einrichtung so organisiert, dass Ausflüge nur ausnahmsweise stattfinden, die Erzieherinnen nur durchschnittlich alle drei bis fünf Jahre ein Seminar besuchen oder Außenkontakte grundsätzlich nur über die Leiterin laufen, bedarf es dringend eines nicht ritualisierten Austauschs mit der Umwelt, sonst funktioniert die Kita vielleicht intern – also wie ein Ritual –, aber sie ist klinisch tot.

Ähnlich bedenkliche Resultate erreichen Leiterinnen von Einrichtungen, Organisationen oder Systemen, wenn sie

- Beurteilungen und Zeugnisse regelmäßig ritualisieren, jedoch nur nach internen Maßstäben der Gefälligkeit schreiben, weshalb diese Dokumente keinen Bezug mehr zu den jeweils zu erwartenden Anforderungen an die Mitarbeiterinnen haben;
- Mitarbeiter-Vorgesetzten-Gespräche und Zielvereinbarungen nur pro forma durchführen, weil der Träger das vorschreibt;
- interne Evaluation nur im äußeren Ablauf einhalten, ohne daraus Nutzen für die Qualitätsentwicklung zu ziehen.

Weil es ein Ritual ist, einen Beitrag nicht mit einer Aufzählung enden zu lassen, habe ich diesen letzten Satz noch dazu geschrieben.

S wie Störungen

Sich stören zu lassen kann ausgesprochen genussvoll sein. Darauf deutet schon das Wort »lassen« hin: Ich lasse zu, dass jemand mich stört. Insgeheim habe ich gehofft, dass jemand mich stört. Habe ich die Störung vielleicht sogar arrangiert, ein wenig nachgeholfen? Wann, wobei und wodurch ich mich stören lasse, das ist stets meine Entscheidung und Geschmackssache, individuell verschieden. »Musik wird störend oft empfunden, weil sie mit Geräusch verbunden«, schrieb Wilhelm Busch. Manchmal wirkt Hintergrundmusik aber durchaus kreativitätsfördernd.

In diesem Kapitel geht es jedoch nicht um diese und andere individuelle Aspekte von Störungen, beispielsweise um die Auswirkungen von unfreiwilligen › Unterbrechungen auf das eigene Arbeitsvermögen. Vielmehr liegt der Schwerpunkt der Gedanken bei den Störungen sozialer Systeme. Solche Störungen können interne Ursachen haben, wenn Abläufe nicht richtig aufeinander abgestimmt sind oder Personen sich nicht an Regeln halten. Sie können auch von außen verursacht werden, wenn eine externe Interventionen das System empfindlich trifft.

Interne Störungen

Das Ideal eines jeden Systems – auch einer Kindertageseinrichtung – sind ungestörte interne Abläufe. Das Vorbild jeder Organisation ist eine störungsfreie, möglichst wartungsarme Maschine. Alles muss rund laufen, alles muss funktionieren. Deshalb werden Arbeitsabläufe optimiert. Zum Beispiel werden Dienstpläne regelmäßig angepasst, Absprachen getroffen, Regeln aufgestellt. Fehlerquellen werden erspürt, Gefahrenstellen entschärft und Sicherungen gegen unbefugtes Weglaufen – der Kinder! – erfunden. Doch unberechenbar, wie das Leben so ist, stellen sich Missverständnisse ein, taucht etwas auf, an das niemand gedacht hat. Oder eine Kollegin hat eine neue, das Alte störende Idee. Interne Störungen sind unvermeidbar. Da hilft alles nichts.

Trotzdem müssen Leiterinnen auf interne Störungen reagieren. Was können sie tun, wenn Regeln, Absprachen oder Vorgaben nicht eingehalten werden? Sie können auf deren Einhaltung dringen, pochen und mahnen. Oder sie können sich sagen, dass die Regeln überprüft werden müssen. Es könnte sich doch herausstellen, dass ihre Nichteinhaltung ein Symptom für Unordnung im System ist.

Externe Störungen

Wenden wir uns den Störungen eines Systems von außen zu. Pharaonen in den Pyramiden wurden durch Grabräuber gestört. Dagobert Duck hatte in seinem Geldspeicher hinter meterdicken Mauern auch keine dauerhafte Ruhe vor den Panzerknackern. Selbst Bären können nicht auf hundertprozentige Sicherheit für den ungestörten Winterschlaf bauen.

Manche externen Störungen werden kanalisiert und in geordnete Abläufe gebracht, beispielsweise durch Beschwerdemanagement. Da fragt sich, ob es »Beschwerden« von Eltern, die man sonst als Partner hofiert, geben kann, ob das nicht ein völlig falsches Wort ist. Es fragt sich auch, ob Eltern überhaupt »extern« sind, ob sie nicht vielmehr zum System Kita gehören. Drittens lässt sich fragen, ob Anfragen, Wünsche und Kritik der Eltern als Störungen anzusehen sind, denn im Grunde sind sie berechenbar. Man weiß zwar nicht genau, wann sie geäußert werden und worauf sie sich im Einzelnen beziehen, aber in der Zusammenarbeit von Erzieherinnen und Eltern wird es immer wieder Klärungsbedarf geben.

Wir haben es hier also mit dem Typus uneigentlicher Störungen zu tun. Sie sind im Prinzip kalkulierbar wie Urlaubszeiten, so dass man vorsorgen kann. Wer den reibungslosen Ablauf des pädagogischen Angebots aber vom maximalen Personalstand abhängig macht, fliegt schnell auf. Wer in seiner Leitungs-Sprechstunde eine Arbeit beginnt, die Konzentration erfordert, also ungeteilte Aufmerksamkeit, hat falsch geplant und die Störung selbst verursacht.

Die so genannte eigentliche Störung, das ist der Notfall. Er ist nicht vorauszusehen und daher nicht adäquat zu handhaben. Deshalb heißt er Notfall und erfordert ein Notprogramm. Bei Personalausfall während einer Grippeepidemie ist keine Pädagogik mehr möglich, wahrscheinlich nicht einmal sinnvolle Beschäftigung, aber immerhin sichere Aufbewahrung der Kinder, bis die größte Not vorüber ist.

Unerlässliche Störungen

Wie die internen sind auch externe Störungen unvermeidbar. Jedenfalls dann, wenn soziale Systeme tatsächlich mit der Umwelt kommunizieren. Jede Organisation braucht überlebensnotwendig Kontakt mit der Umwelt. Zwar kann eine Fabrik intern optimal funktionieren, aber wenn kein Kontakt zu den Kunden hergestellt wurde, wird störungsfrei am Markt vorbei produziert, bis das System zusammenbricht.

Bleibt Leiterinnen nur, sich mit der Unvermeidbarkeit von Störungen abzufinden? Das ist mir zu passiv. Ohne Störungen schön reden zu wollen, denn sie können ziemlich unangenehm und belastend sein, möchte ich sie in ihrem Sinn und Nutzen für ein stabiles System, eine lernfähige Organisation, eine lebendige Kita doch eher positiv bewerten. So betrachtet, sind Störungen nicht nur unvermeidbar, sondern sogar unerlässlich. Sie bieten ebenso Gelegenheit zur Justierung oder zum Feinschliff wie zur Anpassung bis hin zur Neuorientierung. Systeme, Organisationen oder Kindertageseinrichtungen, die sich auf Störungen einrichten, erhalten wertvolle Hinweise, wie sie sich verbessern und »am Markt« bleiben können.

Störungen sind ein Merkmal einer lebendigen, sich im Austausch mit der Umwelt befindenden Organisation. Wer mit Störungen umgehen will und kann, hat ein anderes Organisationsvorbild als Klöster oder das Militär, die jede Intervention von außen zu verhindern suchen, damit im Inneren alles reibungslos klappt.

T wie Tätigkeiten

Tricksen Sie auch manchmal? Oder nutzen Sie einfach die Regeln des Systems für Ihre Absichten? So lange niemand dadurch Schaden erleidet, ist das wohl moralisch vertretbar. Mir kommt jedenfalls gerade zupass, dass ich hier T wie Tätigkeiten ankündigen kann, obwohl ich über Aufgaben schreiben möchte. Doch das A liegt längst hinter uns. Zu meinem Glück hängen Aufgaben und Tätigkeiten so eng zusammen, dass sie sehr häufig verwechselt werden, weshalb ich mich jetzt beider zusammen annehme.

Drei Paar Schuhe...

Aufgaben und Tätigkeiten von Leiterinnen müssen unbedingt auseinandergehalten werden, sonst klappt das mit dem Leiten nicht. Zumindest erhöht es den Aufwand für gutes Leiten.

Das Auseinanderhalten ist nicht leicht. Als Kind musste ich regelmäßig in den zweiten Hof traben, denn ich hörte: »Deine Aufgabe ist es, den Abfalleimer in die Mülltonne zu leeren, sobald er voll ist.« Das also war meine Aufgabe. Oder war es nur eine Tätigkeit, eine ungeliebte obendrein? Der Auftrag meiner Eltern war eindeutig auf die Beseitigung des Abfalls gerichtet. Dies war meine Aufgabe, die ich löste, indem ich eine einzige Tätigkeit ausübte. Damals hat mich dieser kleine Unterschied nicht interessiert, denn meine Abneigung gegen den Abfall war groß, Aufgabe hin, Tätigkeit her.

Heute aber bedeutet mir der Unterschied viel. Und für Leiterinnen ist die Unterscheidung von Aufgaben und Tätigkeiten wichtig. Weil dadurch Wichtiges von weniger Wichtigem unterschieden werden kann, können Prioritäten gesetzt werden können.

Mittlerweile unterscheide ich sogar zwischen Leitungsaufgaben, Leitungstätigkeiten und Arbeiten, die von Leiterinnen ausgeführt werden. Sozusagen drei Paar Schuhe.

- Leitungsaufgaben sind die wesentlichen Aufgaben, die ausgeführt werden müssen, um eine Gruppe von Menschen oder einen Betrieb gemäß dem Auftrag am Laufen zu halten, zum Beispiel die Qualität auf einem bestimmten Niveau zu sichern.
- Leitungstätigkeiten sind diejenigen Arbeiten, die erledigt werden müssen, um die übergeordneten Aufgaben zu erfüllen. Die tägliche Praxis des Leitens besteht großenteils in der Erledigung dieser Tätigkeiten, zum Beispiel ein Fortbildungskonzept entwickeln und umsetzen, einen Kundenmonitor einsetzen oder Zeugnisse fertigen.
- Arbeiten, die von Leiterinnen ausgeführt werden, weil sie es selbst wollen oder weil der Träger es will, müssen mit dem Leiten einer Kindertageseinrichtung gar nichts zu tun haben. Außer vielleicht, dass sie vom Leiten – dem Erfüllen der eigentlichen Leitungsaufgaben – ablenken. Solche Arbeiten sind zum Beispiel: Telefongelder einsammeln, Heiztagebücher führen, Speisepläne schreiben, Wasserhähne entlüften.

Sortieren Sie Ihre Arbeit mal nach diesen drei Kategorien. Vielleicht überdenken Sie dabei die bisherige Gewichtung Ihrer verschiedenen Aktivitäten. Außerdem: Die Wahrnehmung der Dreiteilung könnte die Qualität Ihrer Arbeitsleistung erhöhen. Zum einen, weil Sie darüber nachgedacht und ein neues Instrument angewandt haben; zum anderen, weil es zu Verschiebungen zwischen den drei Kategorien kommen wird.

In der Folge kann sich trotzdem Unzufriedenheit einstellen, wenn Sie merken, dass Sie fortdauernd zu viele Tätigkeiten der 3. Stufe ausüben müssen und keine Änderung in Sicht ist. Gleichwohl gibt es eine neue Qualität dadurch, dass Sie jetzt wissen, was Sie eigentlich tun müssten und was Ihr Arbeitgeber Ihnen tatsächlich abverlangt.

Mit dieser einfachen Dreiteilung haben Sie ein Instrument in der Hand, um Ihre Arbeitsfülle einzuschätzen. Sie können Prioritäten setzen zwischen Aufgaben und Tätigkeiten. Was muss Vorrang haben?

Eine zweite Hilfe bietet die Anwendung des Instruments nach dem Sortieren. Sie können sich fragen: Wie kann ich die Tätigkeiten für meine Leitungszwecke und meine Leitungsaufgaben einsetzen, wenn ich sie sowieso erledigen muss? Ihr Leitungshandeln wird zielgerichteter und konsequenter.

... an zwei Füßen: Verschwendung!

Nachdem ich mich einmal für diese drei Begriffe entschieden hatte, merkte ich, dass die beiden wichtigen mit »Leitung-» beginnen, sich also auf die Funktion des Leitens beziehen. Der dritte Begriff aber benennt die Person der Leiterin.

Die beiden ersten scheinen überall wichtig zu sein, wo geleitet wird, in welcher Form auch immer. Die dritte Sorte von Aktivitäten ist zum großen Teil abhängig von der Person, die sie ausführt. Diese Arbeiten müssen nicht von Ihnen erledigt werden, denn sie dienen nicht dem Leiten. In den meisten Fällen dürften Leiterinnen dafür zu gut bezahlt werden.

Leitungsanteile werden in den Personalrichtlinien der Bundesländer sehr unterschiedlich festgelegt und meist zu gering bemessen. Überall werden Leiterinnen wie Verwaltungskräfte eingesetzt. Das Land Berlin hat die Stellenanteile für Leiterinnen just in dem Moment gekürzt, in dem es höhere Bildungsansprüche an die Kitas formulierte und Arbeiten der Verwaltung auf die Einrichtungen abwälzte. Angeblich soll damit gespart werden.

Zu fragen ist jedoch, woran wird gespart? Wer Leiterinnen entsprechend ihrer Position bezahlt, sie aber großenteils als Verwaltungs- oder sogar wie Hilfskräfte arbeiten lässt, spart nichts, ist vielmehr unproduktiv und demotiviert Mitarbeiterinnen. Obwohl durch Landesrecht legitimiert, ist das Verschwendung!

Im Land Brandenburg werden Leiterinnen in bestimmtem Umfang – der von der Anzahl der Mitarbeiterinnen abhängt – für die Wahrnehmung pädagogischer Leitungsaufgaben freigestellt und vom Land finanziert. Den Trägern obliegt die Entscheidung, ob sie die Leitungskräfte darüber hinaus mit organisatorischen Leitungsaufgaben betrauen und ihnen zusätzliche Zeitkapazitäten einräumen. Alternativ können diese Organisationsarbeiten in der Trägerverwaltung ausgeführt werden. Auch dafür erhält jeder Träger Landeszuschüsse.

In der Praxis sieht das häufig so aus, dass die Leiterinnen kaum zu pädagogischen Aufgaben kommen, weil sie Verwaltungsaufgaben ausführen müssen. Ihre Träger geben vor zu sparen, doch auch sie verschwenden Geld. Sie »sparen«, weil ihre durch Landesmittel für Kitas finanzierten Verwaltungskräfte irgendwelche anderen Aufgaben erledigen. Und sie setzen andere Landesmittel (für die pädagogischen Aufgaben der Leiterinnen) sachfremd ein. Nutzen die Träger dazu die Regeln des Systems oder tricksen sie? Meines Erachtens verstoßen sie unwidersprochen gegen geltendes Recht.

Darf ich das ungestraft schreiben? Oder rühre ich an einem Tabu?

U wie Unterbrechungen

Unglaublich, als wäre es vorhersehbar gewesen! Unter › Störungen deutete ich an, dass U den unfreiwilligen Unterbrechungen gewidmet sein könnte.

Entschuldigen Sie bitte einen Moment...

So, da bin ich wieder, das Telefon. Wie immer im falschen Moment. Wo war ich stehen geblieben? Ach ja, bei U.

18 Minuten

Im Unterschied zu Störungen, die ein soziales System beeinflussen, sind Unterbrechungen – in meinem Sprachgebrauch – Einwirkungen auf die Arbeit einzelner Menschen. Sie bewirken, dass beabsichtigte Handlungen nicht kontinuierlich ausgeführt werden. Wie bei mir. Eigentlich will ich diesen Beitrag schreiben, aber schon wieder klingelt das Telefon. Tut mir leid, bin sofort wieder da...

Wo war ich doch gleich? Ach ja, die Kontinuität.

Also, ich würde diesen Text ja gern fertig bekommen, aber man lässt mich nicht. Müssen die Leute alle jetzt anrufen? Können sie mich nicht schreiben lassen? Dauernd werde ich unterbrochen. So wird das wohl nichts...

Ich will nicht immer abgelenkt werden! Das beeinträchtigt meine Konzentration! Kaum habe ich mich in einen Sachverhalt eingedacht oder eingearbeitet, werde ich rausgerissen. Irgendwo habe ich gelesen, dass selbst eine kurze Unterbrechung von ein, zwei Minuten bewirkt, dass man durchschnittlich 18 Minuten braucht, um wieder auf den Stand von vorher zu kommen. In Worten: achtzehn!

Übrigens: Der Postbote war es. Ein Einschreiben. Also, dafür kann ich ja nun wirklich nichts.

Ein neuer Arbeitsstil

Führungskräfte in Unternehmen werden im Durchschnitt alle sechs bis acht Minuten unterbrochen. Wobei? Das frage ich mich auch...

Vielleicht werden sie bei gar nichts unterbrochen. Vielleicht müssen sie ihre › Tätigkeiten einfach nur kürzer takten. Keine Arbeit länger als sechs Minuten: einen Brief lesen, ein Konfliktgespräch führen, ein

Zeugnis schreiben... Müsste doch zu organisieren sein, angesichts der modernen technischen Möglichkeiten. Erst den Zeugniskopf schreiben und nach fünf Minuten und 58 Sekunden aufhören. Auf die Unterbrechung warten. Danach weiter, bis der Bausatz fertig ist.

Mit der Zeit entwickelt sich ein völlig neuer Arbeitsstil: Unterbrechungen beeinträchtigen das Arbeitsvermögen nicht mehr, sondern stimulieren es. Das er-scheint mir praktikabler als endlose Überlegungen darüber,

- wann die günstigste Tageszeit für Telefonate ist (Telefonmanagement),
- wann und ob ich Leute empfangen will (Besuchsmanagement),
- wann ich mit der Köchin spreche (Konfliktmanagement),
- wann ich eine Stunde Zeit für mich und meine Aufgaben habe (Selbstmanagement),
- wann ich Unvorhergesehenes erledige (Spontanmanagement).

Würde ich in einer Kita arbeiten, könnte ich die Arbeit mit nach Hause nehmen. Hier unterbricht mich wenigstens keiner. Hier habe ich das Sagen. Es sei denn, der Postbote kommt oder die Heilsarmee klingelt. Ist denn schon wieder Weihnachten?

Als Profi sollte ich – mindestens eine Woche lang – ein Arbeitsprotokoll führen. Welche Arbeit, von wann bis wann, unterbrochen durch..., so und so lange. Spannend auch die Frage, in welchem Verhältnis die Zeit, die ich für die eigentliche Tätigkeit brauche, zur Dauer der Unterbrechungen steht. Gibt es Möglichkeiten, das zu ändern? Wenn ja, welche?

Als Profi kenne ich allerdings auch den Nutzen mancher Unterbrechungen. Beispielsweise, um etwas ganz Neues zu beginnen. Dann ist es gut, nicht im alten Trott fortzufahren. Diskontinuitäten können einen auf neue Ideen bringen.

Bitte unterbrechen!

»Jetzt nicht! Ich muss schreiben!« Das war schon ganz brauchbar. Oder?

Diskontinuität und Kontinuität. Denken Sie mal an Kinder im Übergang vom Kindergarten in die Grundschule. Für viele ist Kontinuität und Sicherheit nützlich, aber nicht für alle. Wer im Kindergarten Außenseiter war, will dies in der Schule nicht unbedingt bleiben. Diesen Kindern gibt Diskontinuität – die Unterbrechung der üblichen Abläufe – neue Hoffnung und vielleicht auch neue Sicherheit.

Noch ein Beispiel: Wenn ich als Leiter auf dem Holzweg bin, freue ich mich über eine Unterbrechung. Deshalb bitte ich meine Mitarbeiterinnen und Mitarbeiter, mir ein Zeichen zu geben, wenn sie merken, dass ich mich nicht auf einem erkenntniserweiternden Umweg befinde, sondern in der Drehtür laufe. In diesem Falle: Bitte unterbrechen! Bitte!!!

V wie Verpflichtung

Viele frischgebackene Chefs freuen sich. Endlich haben sie die Position erreicht, in der sie anderen Menschen Anweisungen erteilen dürfen. Manche finden zunehmend Gefallen an der Möglichkeit, die Ausführung einer Anweisung einfordern und – falls der Mitarbeiter daran scheitert – so genannte Konsequenzen ziehen zu dürfen. »Zunehmend Gefallen finden« heißt hier: Je fetter sie werden, desto häufiger geschieht dies und desto unverschämter werden solche Chefs. »Konsequenzen« nennen sie ihre mehr oder minder verdeckten Bestrafungsaktionen, um das Gemeine und Zerstörerische ihrer Handlungsweise zu kaschieren.

Manche Chefs aber fürchten sich vor genau dieser Situation, in der ein Mitarbeiter oder eine Mitarbeiterin scheitert. Warum? Sie fragen sich, was sie tun können, damit niemand sein Gesicht verliert, weder sie noch der Mitarbeiter. Sie fragen sich, was sie selbst hätten anders machen können.

Diese Chefs bemerken nicht, dass sie immerhin schon den richtigen Weg ansteuern, denn sie bezeichnen den Verstoß des Mitarbeiters gegen ihre Anweisung als Scheitern, nicht als Affront gegen ihre Person oder als Insubordination, die bestraft werden muss. Offenbar war der arme Mitarbeiter willens, aber er hat die Aufgabe nicht lösen können. Das ist eine wichtige Erkenntnis, die den Gedanken nahe legt: Strafe schafft keine Abhilfe.

Der Chef weiß, was er nicht tun sollte. Ein kleiner Fortschritt.

Bitte, Wunsch oder Aufforderung?

Einen Schritt vor, aber kurz noch mal einen zurück.

Verallgemeinert ausgedrückt, richten Leitungskräfte, die ihren Mitarbeiterinnen Anweisungen erteilen, bestimmte Erwartungen an sie. Sie bitten die Mitarbeiterinnen, dies und jenes zu tun oder zu unterlassen. Eine Steigerungsform der Bitte ist die Aufforderung: Die Mitarbeiterin muss etwas tun oder lassen.

Kein Zweifel: Es steht Leitungskräften zu, beide Formen von Erwartungen zu formulieren. Klar ausgesprochene Erwartungen sind hilfreich, denn sie deuten darauf hin, dass Leiterinnen ein Ziel verfolgen oder zumindest eine bestimmte Absicht hegen. Wenn eine Leiterin etwas für sich geklärt hat, kann sie es klar vermitteln. Sonst nicht.

Leiterinnen tun gut daran, zwischen Bitten und Aufforderungen zu unterscheiden. Verwenden sie die Begriffe wahllos und unbestimmt, geben sie ein Instrument aus der Hand, mit dem sich Wichtiges, zum Beispiel eine Verpflichtung, von weniger Wichtigem, zum Beispiel einem Wunsch, trennen lässt.

Erwartungen...

Wenn Leiterinnen beginnen, über Wunsch oder Verpflichtung nachzudenken, fragen sie fast automatisch: Ist meine Erwartung gerechtfertigt? Wenn die Antwort »ja« lautet, kennen sie auch die Grundlage.

Ein Beispiel: Eine Leiterin fragt die Mitarbeiterin nach der privaten Telefonnummer – natürlich nur für Notfälle. Bittet die Leiterin um die Erfüllung eines Wunsches? Oder will sie die Mitarbeiterin verpflichten?

In beiden Fällen bringt sie die Mitarbeiterin in eine Zwickmühle. Darf die Mitarbeiterin ablehnen? (Ja, es sei denn, der Arbeitsvertrag sieht etwas anderes vor.) Was folgt auf ihre Ablehnung? Wie soll sie sich verhalten?

Ein zweites Beispiel, nun für eine rechtmäßige Erwartung: Eine Leiterin betraut eine erfahrene Erzieherin mit der Ausbildung einer Praktikantin. Bestandteil der Absprache ist die Verpflichtung der Erzieherin, die Praxisbeurteilung (das Zeugnis der Praktikantin) bis zu einem festgesetzten Zeitpunkt auszufertigen. Dagegen ist nichts einzuwenden. Das Ausfertigen einer Praxisbeurteilung gehört zum Tätigkeitskatalog einer Erzieherin. Leiterin und Erzieherin haben sich abgesprochen.

Und doch kann diese Erwartung der Leiterin an die Erzieherin ungerechtfertigt sein. Zum Beispiel, wenn die Leiterin weiß, dass die Erzieherin zwar eine gute Praktikantenanleiterin ist, aber Schwierigkeiten hat, die für die schriftliche Beurteilung wesentlichen Fakten zu erkennen, zu sammeln und schlüssig zu formulieren. In diesem Fall muss die Leiterin wissen, dass die von ihr geäußerte Erwartung zu hoch und demnach ungerechtfertigt ist. Ignoriert die Leiterin diesen Zusammenhang, führt sie ihre Mitarbeiterin in einen Misserfolg.

So etwas kommt vor, wenn Erwartungen absolut und nicht in Relation zu der Person geäußert werden, die sie erfüllen soll.

... und Erfüllungen

Eng daran geknüpft ist ein weiterer Leitungsfehler. Es wird nicht geklärt, was nach dem Aussprechen einer Erwartung – egal, ob als Bitte oder Aufforderung formuliert – geschieht.

Meist passiert nichts. Es bleibt beim Aussprechen der Erwartung. Die jeweilige Mitarbeiterin bekommt zu hören, was sie bis wann erledigen soll, und damit hat sich's bis zu dem Zeitpunkt, an dem die Leistung oder das Ergebnis eingefordert wird.

Um das Praktikantinnen-Beispiel wieder aufzugreifen: Die Leiterin beauftragt die Erzieherin, wartet, bis der vereinbarte Termin heran ist, und ärgert sich, dass die Praxisbeurteilung noch nicht fertig ist. Hat sie Zwischentermine zur Kontrolle, zur Unterstützung und zur Arbeitsvereinfachung vereinbart? Nein, hat sie nicht.

Selbst wenn sie es getan hätte: Sie hätte mehr tun müssen. Leitungskräfte, die Erwartungen an Mitarbeiterinnen richten, müssen zunächst selbst aktiv werden. Sie müssen die Rechtmäßigkeit und die Realisierungschancen der Erwartungen prüfen. Sie müssen die Umstände so gestalten, dass die Mitarbeiterinnen die geforderten Arbeitsleistungen erbringen können. Die Arbeitsmittel müssen vorhanden sein, individuelle Unterstützung muss gegeben sein. Leiterinnen müssen kontrollieren und hilfreich eingreifen, wenn etwas schief läuft.

Eine einmalig ausgesprochene Anforderung, der nichts weiter folgt und der auch nichts vorausgeht, ist ein Beispiel für schlechte Leitung. Vielleicht ist diese Art Anforderung sogar unrechtmäßig, weil unzumutbar.

Jede Anforderung an eine Mitarbeiterin ist darum vor allem eine Anforderung an die Leiterin. Oder anders: Jede Erwartung an eine Mitarbeiterin ist eine Verpflichtung für die Leiterin. Da sie es ist, die die Erwartung ausspricht, kann sogar von Selbst-Verpflichtung gesprochen werden. Großes Pionierehrenwort!

V wie Vertrauen

Vielen ist sie unvergessen, die Schlange Kaa aus dem Dschungelbuch. Wohl alle, die den Film gesehen haben, werden sich an ihren betörenden Singsang erinnern: »Hör auf mich, glaube mir! Augen zu, vertraue mir!« Und an das gefährliche Farbspiel der Schlangenaugen, die Mogli hypnotisieren wollten: »Hör auf mich, vertraue mir...«

Wortgesäusel und Tricks sollten Mogli einlullen, der fast allen anderen Tieren mehr vertrauen durfte als der Schlange Kaa: »Schlafe sanft, süß und fein, will dein Schutzengel sein...«

Eine äußerst lehrreiche Szene und wie alle Märchen voller Lebenserfahrung. Die Schlange, das biblische Sinnbild der Lüge und Verführung, gibt vor, sich um ein Kind zu sorgen, und raunt ihm zu: »Ich bin ganz anders als deine Freunde...« Wir sehen die Szene vor uns und wissen, selbst ohne bibelfest zu sein, dass es mit der Andersartigkeit seine Richtigkeit hat und dass trotzdem etwas nicht stimmt. Auch Mogli ahnt: Denen, die Vertrauen fordern, darf man nicht trauen. Oder etwa doch?

Vertrauen und Erfahrung

»Vertrau mir, Liebling!« »Habt Vertrauen, Kinder!« »Erzieherinnen, vertraut euren Leiterinnen, denn sie wissen schon, was sie tun!« »Eltern, vertraut den Erzieherinnen, denn sie wissen mehr als ihr!«

Wir alle kennen solche Sätze und wissen, dass diese Appelle nicht wirken. Vertrauen kann niemand befehlen. Vertrauen muss wachsen.

Kindern wird eine Eingewöhnungsphase zugestanden. Sie bauen eine Beziehung zur Erzieherin auf. Die dazu führenden gemeinsamen Tätigkeiten sind nichts anderes als die aus der Politik bekannten vertrauensbildenden Maßnahmen.

Vertrauen kommt von Erfahrung. Dieser Satz stammt von Egon Bahr. Ich danke ihm dafür. Mir sagt der Satz, dass zwei Menschen zusammen etwas tun können, um dadurch zu erfahren, ob sie sich aufeinander verlassen, ob sie einander vertrauen können. Selbst Feinde können das versuchen. Viel weniger Aufwand braucht es bei Menschen, die sich wohlwollend begegnen. Aber das Prinzip bleibt gleich: Vertrauen kommt von Erfahrung.

Wer die Erfahrung gemacht hat, von jemandem belogen worden zu sein, wird ihm nicht mehr vertrauen. Shir Khan, der Tiger, kommt zu Kaa, weil er Mogli sucht. Er misstraut Kaa, droht ihr sogar. Sein Vertrauen in sie ist nicht größer als ihr Vertrauen in ihn. Könnten wir erfolgreich an beide appellieren, einander zu vertrauen?

Vertrauen und Kooperation

Nicht alle fordern Vertrauen, manche erwarten es »nur«. Auch ihnen darf man es nicht gewähren. Sie sind zu naiv, haben keine Ahnung, wie Vertrauen entsteht, gehen deshalb nicht sorgsam damit um und können es schon gar nicht bewahren. Wie ein Wunder kommt es oder nicht, und ebenso schnell kann es vergehen. Machtlos stehen sie dem Phänomen vis à vis.

Doch das – nun wird es Zeit für Klartext – ist zu wenig für Leitungskräfte. Sie müssen aktiv werden. Sie müssen anregen. Sie müssen Zusammenarbeit auch dort initiieren, wo sich bisher noch kein Vertrauen entwickelt hat.

Leiterinnen in Kindertageseinrichtungen müssen nicht erreichen, dass Kaa und Shir Khan kooperieren. Es reicht, wenn sie die Erzieherinnen als Profis zur Zusammenarbeit befähigen. Es reicht, wenn eine Leiterin erreicht, dass jede Erzieherin des Teams mit den Eltern zusammenarbeitet, für deren Kinder sie zuständig ist.

Auf ein Wunder oder das kindliche Urvertrauen bei Erwachsenen zu hoffen, das ist nicht nur Illusion, sondern eine passive Verhaltensweise. Aus Beobachtungen während der Eingewöhnungszeit wissen wir, dass es eines langsamen Beziehungsaufbaus bedarf, bis ein Kind sich trösten lässt. Hat es dann schon Vertrauen zur Erzieherin gefasst? Oder ist es lediglich nicht mehr misstrauisch? Wie dem auch sei: Ein hoffnungsvoller Anfang in der Beziehung zwischen Kind und Erzieherin ist gemacht.

Vertrauen und Misstrauen

Länger dauert es, bis Eltern Vertrauen zur Erzieherin haben. Eltern müssen nämlich ein gewisses Maß an Misstrauen gegenüber fremden Menschen hegen, sonst wären sie keine guten Eltern. Sollen sie etwa jeder Frau, nur weil sie in einer Kita arbeitet, ihr Kind überlassen?

Eltern hören und erleben viele professionelle und nichtprofessionelle Ratgeber, die ausnahmslos behaupten, nur das Beste für das Kind zu wollen: »Vertrauen Sie uns!« Und wenn jemand in Kaas Rolle schlüpft? Wie sollen Eltern dies erkennen?

Schaut man genau hin, sieht man, dass Eltern – den geäußerten Bedenken zum Trotz – den Erzieherinnen reichlich Vertrauen entgegenbringen. Sie bringen ihre Kinder in eine Kindertageseinrichtung und lassen sie schon nach kurzer Zeit dort. Sie gewähren der Erzieherin einen Vertrauensvorschuss. Nun ist es an der Erzieherin, diesen Vorschuss zu rechtfertigen. Sie muss ihn sozusagen nachträglich erarbeiten.

Der Vertrauensvorschuss ist begrenzt, instabil, fragil. Und zwar nicht, weil Eltern grenzenlos misstrauisch wären, sondern weil sie Angst um ihre Kinder haben. Nicht immer drücken sie ihre Sorge geschickt aus, doch die meisten Eltern sorgen sich um ihre Kinder. Bis zu einem gewissen Grad sind Angst und Sorge nämlich nützliche Signale bei der Aufzucht von Kindern. Es bedarf daher nur geringer Erschütterungen, und alles bis dato aufgebaute Vertrauen ist zum Teufel. Oder bei der Schlange.

Vertrauen schenken

Im Verhältnis der Leiterin zu den Erzieherinnen kommt es wohl am ehesten darauf an, dass sie vermeidet, Vertrauen zu reklamieren, denn damit erreicht sie den Kaa-Effekt. Wer Vertrauen schaffen will, muss Erfahrun-

gen ermöglichen. Da ist vieles denkbar, und das Leben hält vieles bereit. Besonders geeignet sind risikoreiche Erfahrungen. Durch sie weiß man schnell, woran man ist. Dazu aber muss eine Leiterin ihren Erzieherinnen vertrauen. Sie muss Vertrauen schenken, um zu erfahren, ob und wie das Geschenk angenommen wird.

Das, finde ich, ist ein Paradoxon: Wer etwas will, muss es zuerst hergeben.
Wer mag lieber einen Apfel?

W wie Wegloben

»Wie geht's Dir?«, fragte Pu der Bär.

»Nicht sehr wie«, antwortete I-Ah. Der Esel litt unter Depressionen.

Auch nicht-depressiven Leiterinnen geht es manchmal nicht sehr wie. Das hängt mit den Mitarbeiterinnen zusammen. Fragt man diese, wissen alle, was gutes Management ist. Die meisten von ihnen aber wissen es nicht wirklich; sie wissen es nur besser. Sie können erklären, welche Vorteile sie von gutem Management hätten, wie angenehm und erfolgreich ihre Arbeitssituation dann wäre. Doch können sie erklären, wie gutes Management funktioniert? Kaum. Das »Wie« ist eine schwierige Angelegenheit.

Wie sollen Leiterinnen leiten? Wie können sie eine unbedarfte Mitarbeiterin anleiten und ihr zu besseren Leistungen verhelfen? Wie werden sie diese Mitarbeiterin los, wenn sie sich als allzu unbedarft erweist und alle, wirklich alle anderen Kolleginnen so gar nicht mit ihr auf einer Wellenlänge funken?

Wegloben heißt das Mittel zum Zweck. Der Zweck heißt Loswerden, möglichst unauffällig, konfliktfrei, geräuschlos und ohne Nebenwirkungen. Wie funktioniert das?

Wie man weglobt

Wegloben heißt: Die Beurteilung der Leistung oder des Verhaltens einer Person fällt deutlich besser aus, als es der Leistung oder dem Verhalten dieser Person angemessen wäre. Wegloben geschieht durch gezielte Weitergabe von ausgesuchten Informationen, mündlichen oder schriftlichen. Geeignete Medien sind Gerüchte, beliebt sind vor allem laufende Beurteilungen und Abschlusszeugnisse. Für letztere gilt zwar das Wahrheitsgebot, doch gilt nicht auch das Gebot des Wohlwollens?
Genug Gelegenheit, Spielräume auszuloten, gibt es jedenfalls, um rhetorisch ungeschickte Mitarbeiterinnen als stille Menschen zu bezeichnen, die eine scharfe Beobachtungsgabe auszeichnet. Graue Mäuse sind nicht unauffällig, sondern bescheiden, oder? Wer als Erzieherin nach Vorschrift arbeitet, also nicht mehr als

notwendig tut oder keine eigene Ideen entwickelt, der ist immerhin zuverlässig, bodenständig und angenehm uneitel. Wem der Enthusiasmus für den Beruf abhanden gekommen ist, dem kann sicherlich das Prädikat »nüchtern und gereift« verliehen werden.

Was man voraussetzen muss

Es gibt zwei typische Voraussetzungen des Weglobens.

Erstens: Feigheit der Vorgesetzten, häufig gepaart mit Unfähigkeit. Die Feigheit, Farbe zu bekennen. Und die Unfähigkeit, die Mitarbeiterin zu einem Mitglied des Teams zu machen, das wie I-Ah in seiner Eigenart von den anderen Tieren des Hundertsechzig-Morgen-Waldes durchaus gemocht wird und integriert ist.

Zweitens: Korrekte Mittel des Umgangs mit der wegzulobenden Person stehen der Leiterin nicht zur Verfügung. Auch das hängt häufig mit Unfähigkeit zusammen, beispielsweise der Unfähigkeit, Belege für eine verhaltensbedingte Kündigung zu sammeln.

So ähnelt das Wegloben einem bekannten Spiel. Zwar wird der Schwarze Peter gezogen, nicht geschoben, aber dieser Unterschied wiegt nicht sehr schwer. Es kommt darauf an, die Wanderbewegung möglichst unauffällig und geräuschlos zu gestalten.

Was wie viel wert ist

Doch nicht immer verläuft das Spiel konfliktfrei und ohne Nebenwirkungen. Ärgerlich, wenn man als Besitzer des Schwarzen Peter durchschaut wird, darauf sitzen bleibt und sich nun als Verlierer sieht. Blöd, wenn die Mitspieler sauer werden, obwohl es doch »nur ein Spiel« ist.

Das kann auch im Arbeitsleben passieren. Wie reagieren diejenigen, denen ein Schwarzer Peter zugelobt wurde? Eine gewisse Verbitterung dürfte sich vermutlich einstellen. Vorsicht waltet, Misstrauen wächst, weshalb der Trick kaum ein zweites Mal gelingen dürfte.

Auch leidet der eigene gute Ruf. Auf ihn könnte man aber zur Not verzichten, wenn nur das Wegloben den gewünschten Erfolg bringt. Zum Beispiel könnte »eine weggelobte Lusche« bei einer Konkurrenz-Kita im gleichen Einzugsgebiet auf eine verantwortliche Stelle gelangen. Dann hätte die abgebende Kita-Leiterin zwei Fliegen mit einer Klappe platt gemacht: Die ungeliebte Person ist weg, und der Konkurrent wird geschwächt. Man muss eben wissen, was einem wie viel wert ist. Innerhalb des eigenen Trägersystems dürfte die Verschärfung der Konkurrenz eine langfristige Irritation hervorrufen. Zumindest besteht die Gefahr, dass die Wegloberin als Kollegenschwein angesehen wird. Man muss eben wissen, was einem wie viel wert ist.

Doch wenn man Glück hat, steht einem der Träger zur Seite und spielt das Spiel mit, weil er kein Personalführungskonzept hat.

Wie man weglobt, um zu binden

Andersherum funktioniert es auch. Leitungskräfte können das Mittel des Weglobens einsetzen, um wertvolle Mitarbeiterinnen zu halten. Zumindest einige Zeit lang funktioniert das, und zwar so: Die wertvolle Mitarbeiterin wird im Zeugnis als dermaßen perfekt beschrieben, dass potentielle neue Arbeitgeber befürchten, sie könnten der Bewerberin keine Stelle bieten, die sie hinreichend herausfordert, oder sie würden eine interne Konkurrenzsituation heraufbeschwören, wenn sie die Kollegin einstellten. Also laufen Bewerberin und Bewerbung ins Leere. In diesem Falle wirkt überzogenes Wegloben als Mittel der Bindung.

Aber Rache ist süß. Auch Leiterinnen können weggelobt werden. Bei größeren Trägern sind von Zeit zu Zeit Leitungsstellen in größeren Häusern oder in der Trägerverwaltung zu besetzen. Mitarbeiterinnen, die eine Leiterin weghaben wollen, werden dem Träger dazu passende Empfehlungen aussprechen...

XY wie XY ungelöst

Xylophone werden in Kindertagesstätten und Grundschulen häufig als Musikinstrumente eingesetzt, weil ungeübte Kinder mit ihnen schnell melodische Effekte erzielen können, weil sie einigermaßen preisgünstig und robust sind, weil sie bei richtigem Gebrauch einen angenehmen Klang von sich geben. Mit ihnen können mehrere Aufgaben zu gleicher Zeit gelöst werden, sie scheinen die musikalische Klatsche für viele pädagogische Fliegen zu sein. Vielleicht sind Xylophone zutiefst pädagogische Instrumente, wer weiß?

Auf Almen hingegen entfalten Xylophone selten ihre Stärken. Mit dem Glockenband am Hals der Kühe befestigt, können sie keine Töne von sich geben, denn die Klöppel reichen nicht an die Klangstäbe. Hängt man die Instrumente tiefer, besteht seitens der Kühe die Gefahr des Drauftretens, und so robust sind Xylophone denn doch wieder nicht.

Würden diese Schwierigkeiten wider Erwarten überwunden, bliebe immer noch das Problem des zarten Klanges zu lösen. Schließlich geht es nicht darum, das Gehör der Tiere zu sensibilisieren – vielmehr soll der Senn die Kühe weithin hören und schnell finden.

Ein Grund und drei Ursachen

Die Gegenüberstellung zeigt, dass der Nutzen eines Arbeitsinstruments von der Situation abhängt, in der es eingesetzt wird. Wir können diese Aussage auf alle Arten von Handlungen und Leitungstätigkeiten übertragen. Sie trifft auch auf Regelungen zu, sie stimmt immer, wenn Leiterinnen agieren. Daher müssen Leiterinnen sehr genau überlegen, ob sie agieren, wie und womit, um ihre Aufgaben wahrzunehmen.

Wer das nicht beachtet, steht als Leitungskraft vor mindestens einem neuen Problem, meist vor mehreren. Das neue Problem heißt: Diese Lösung passte nicht zur Aufgabe. Chance vertan. Situation verschlimmert. Selbst wenn das alte Problem verschwindet – kurz darauf taucht es in veränderter Gestalt wieder auf. XY bleibt ungelöst.

Dafür gibt es einen häufig zu entdeckenden Grund, der drei Ursachen hat. Der Grund heißt: Die Leiterin sieht das, was sie als störend empfindet, als das Problem an, obwohl es sich nur um ein Teilproblem handelt. Die Ursache: Sie pflegt den Leitungsstil › »Mutti«, sie hat für Nachdenken und Erkenntnis weder Zeit noch inneren Antrieb.

Eine zweite Ursache geht auf den Mangel an Konzentrationsfähigkeit zurück. Weil – aus welchen Gründen auch immer – zu wenig über den gesamten Zusammenhang des Problems XY nachgedacht wird oder weil das Nachdenken zu früh beendet wird, bleiben die Lösungsmöglichkeiten begrenzt.

Die dritte Ursache schließlich geht auf Regelungswut und/oder Regelungsgläubigkeit zurück. Zu viele Menschen in Leitungspositionen denken, dass ein Problem mit einer Regelung behoben werden kann.

Das ist nicht der Fall. Probleme lassen sich nicht regeln. Probleme können gelöst werden, wenn man die Bedingungen ihrer Entstehung verändert, und zwar mit Blick auf das übergreifende Ziel der jeweiligen Unternehmung. Als Ziel wird deshalb nicht anerkannt: Das Problem XY soll verschwinden.

Abhilfe

Abhilfe tut not. Sie naht, wenn man klare › Ziele entwickelt und sie nicht aus den Augen verliert. Als hilfreicher Kniff hat sich bewährt, nur solche Interventionen, Verfahrensweisen oder sogar Regelungen, wenn sie sich denn gar nicht vermeiden lassen, in Kraft zu setzen, mit denen mindestens ein pädagogisches Ziel angestrebt werden kann. Mit jeder Intervention muss ein konzeptioneller Fortschritt erreicht werden, sonst taugt sie nichts. Die Frauenbewegung hatte erkannt: Männer finden zu jeder Lösung ein Problem! Als Mann sage ich Ihnen: Leiterinnen auch.

Z wie Ziele

»Zum Zahnarzt!« Die Unausweichlichkeit dieser Erkenntnis kann grauenvoll sein. Es gibt Menschen, die fürchten sich vor diesem Gang, als würden die Schmerzen erst vom Dentisten implementiert.

Die Ursache der Angst ist wahrscheinlich verantwortlich für die jeweilige Vermeidungsstrategie. Aber wohin soll sie führen? Was ist das Ziel desjenigen, der den Zahnarzt ignoriert? Schmerzvermeidung kann es kaum sein, denn die Schmerzen sind schon da oder kommen eines Tages, todsicher.

Was ist das Ziel, was ist ein Ziel? Schmerzvermeidung ist ausgeschieden. Ganz davon abgesehen, dass sie kein Ziel ist, sondern eine Absicht. Und schon sind wir bei einem verbreiteten Irrtum, nämlich der Annahme, dass Ziele und Absichten identisch seien.

»Zum Zahnarzt!« könnte als Ziel gerade so bestehen, wenn die zwei Wörter einem Taxifahrer zugerufen würden. Wir hätten dann ein Beispiel für ein Fahrtziel. Ganz ähnlich wäre es, wenn wir eine Erzieherin nach dem Ziel ihrer pädagogischen Arbeit fragten und sie antwortete: »Wir gehen in den Zoo, Tiere kennen lernen.« Oder wenn wir eine Leiterin fragten und zu hören bekämen: »Das Wohlergehen von Kindern und Mitarbeiterinnen.«

Unklare Ziele

Ziele sind gedachte Endpunkte von Handlungen. Ziele sind gewünschte, herbeizuführende Ergebnisse, also keine Absichten, keine Mittel und erst recht keine bereits erreichten Zustände. Das klingt banal, doch schauen Sie sich mal Ihre Hauskonzeption an, besonders das Leitbild Ihres Trägers, lesen Sie die Fachliteratur zum Thema »Konzeptionsentwicklung«. Gerade hier kann man im Durchschnitt getrost die Hälfte der aufgeführten Ziele streichen, weil sie keine sind oder nicht als solche formuliert wurden. Beispiele für angebliche Ziele:

- Die Kinder sind neugierig und sollen es bleiben.
- Die Kinder kommen in vielen Lebensbereichen selbstständig zurecht.
- Die Kinder lernen unterschiedliche Formen kennen, sich auszudrücken und mitzuteilen, mit eigenen und fremden Grenzen umzugehen.

Wer seine Ziele nicht geklärt hat, weiß nicht, wohin. Oder anders: Ohne Ziele ist es egal, wohin man sich bewegt. Alles ist richtig oder eben auch falsch.

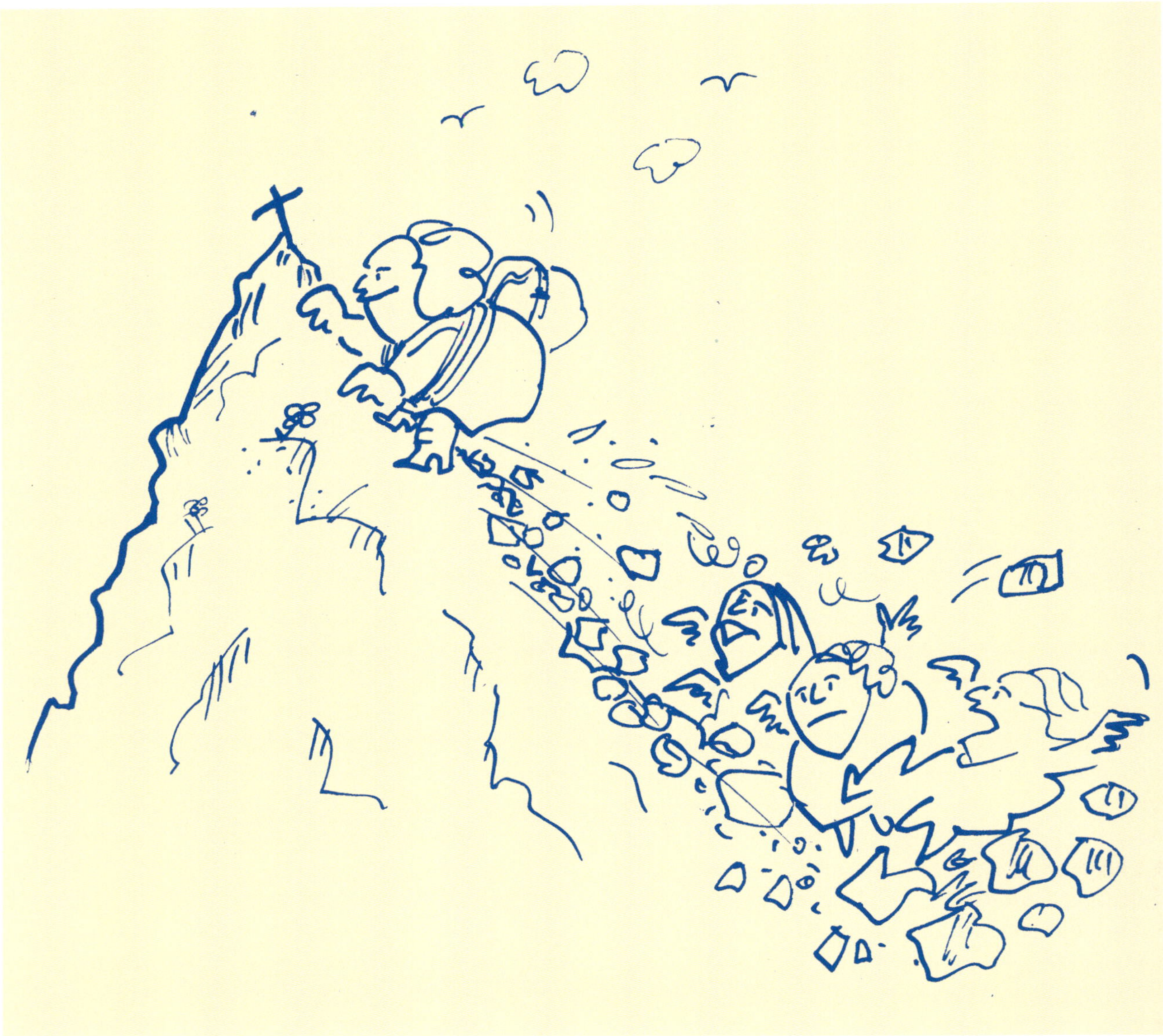

Drei Regeln für klare Ziele

Klare Ziele orientieren. Dazu müssen sie sich an drei Regeln orientieren.

- Erste Regel: Die Ziele müssen sich aus der Grundabsicht oder dem Zweck der Organisation ableiten lassen und damit übereinstimmen. Das Ziel »Meinen Mitarbeiterinnen soll es gut gehen« ist damit als Nichtziel entlarvt. Die Organisation Kita ist nicht dazu da, dass es den Mitarbeiterinnen gut geht, Ver.di und dem Personalrat zum Trotz.
- Zweite Regel: Ein Ziel kann man nicht ausführen oder machen, sondern nur Aufträge oder Arbeiten, die zum Ziel führen. Ein Ziel sollte sinnvoll, realistisch und erreichbar sein.
- Dritte Regel: Ziele müssen überprüfbar und veränderbar sein. Sie basieren letztlich nur auf Vermutungen über die Zukunft. Es ist daher vernünftig, sich von Zeit zu Zeit zu fragen, ob sie noch stimmen.

Die drei Regeln geben Hinweise auf das Wie der Zielfindung und verweisen darauf, wie sich wirkungsvolle und angemessene Ziele finden lassen. Sind Sie so weit gekommen, haben Sie viel erreicht. Ich denke, das ist »die halbe Miete«. Darum sollten Sie viel Sorgfalt, Aufwand und Zeit investieren. Das zahlt sich aus. Pu der Bär sagt dazu: »Es ist ungemein hilfreich zu wissen, wonach man sucht, wenn man nach etwas sucht. Es hilft einem, es zu erkennen, wenn man es findet.«

Tipps für unterwegs

- Vermeiden Sie Vermeidungsziele wie »Mit gesunder Ernährung möchten wir erreichen, dass Kinder nicht dick werden.« Es ist besser, Ziele positiv zu formulieren.
- Entwickeln Sie klare Ziele. Das sind solche, für die Sie Kriterien benennen können, um zu überprüfen, ob und wann sie erreicht wurden.

- Vermeiden Sie implizite Ziele. Implizite, auch als verborgen oder versteckt bezeichnete Ziele können nicht überprüft werden. Sie finden sich häufig dort, wo neue Ziele hinzukommen und nicht geklärt wurde, ob sie die alten Ziele ablösen oder ergänzen.
- Entwickeln Sie einfache Ziele. Besser mehrere einfache, als ein mehrfaches Ziel.

Ein › Ritual unter Buchgestalterinnen verlangt ein Ende ohne Aufzählungen. Ein Ende mit Schrecken wird hingegen gestattet. Ich stelle also förmlich mit Schrecken fest, dass das kleine Leitungs-ABC zu Ende ist.

Die ham' hier ooch
ne lange Zeitung...
CHEF
Ja Bitte?